a crise dos 29

COMO ULTRAPASSAR E ENFRENTAR A BARREIRA DOS 30 ANOS COM CLASSE E ELEGÂNCIA

a crise dos 29

COMO ULTRAPASSAR E ENFRENTAR A BARREIRA DOS 30 ANOS COM CLASSE E ELEGÂNCIA

Julie Tilsner

M. Books do Brasil Editora Ltda.
Rua Jorge Americano, 61 - Alto da Lapa
05083-130 - São Paulo - SP - Telefones: (11) 3645-0409/(11) 3645-0410
Fax: (11) 3832-0335 - e-mail: vendas@mbooks.com.br

Dados de Catalogação na Publicação

Tilsner, Julie
A Crise dos 29: Como Ultrapassar e Enfrentar a Barreira dos 30 Anos, com Classe e Elegância/ Julie Tilsner
2008 – São Paulo – M.Books do Brasil Editora Ltda.
1. Auto-ajuda 2. Psicologia 3. Desenvolvimento pessoal

ISBN: 85-89384-08-X

Do original: 29 and Counting
©2002 by Julie Tilsner
©2003 by M.Books do Brasil Editora Ltda.
©2008 by M.Books do Brasil Editora Ltda.

Original em inglês publicado por Contemporary Books, uma divisão da NTC/Contemporary Publishing Group, Inc.
Todos os direitos reservados.

EDITOR
MILTON MIRA DE ASSUMPÇÃO FILHO

Tradução
Melissa Kassner

Produção Editorial
Ana Bimontti

Coordenação Gráfica
Silas Camargo

Editoração
J.A.G. Editoração e Artes Gráficas Ltda.

Capa
Crontec

2008
2ª reimpressão
Proibida a reprodução total ou parcial.
Os infratores serão punidos na forma da lei.
Direitos exclusivos cedidos à
M.Books do Brasil Editora Ltda.

Agradecimentos

Uma grande amiga pegou um bestseller que ela poderia ter escrito, mas não o fez, e pediu-me que lesse a página de agradecimentos.

Dizia: "Meus agradecimentos eternos para Binky".

Com um olhar triste minha amiga disse: "Eu morreria feliz se pudesse oferecer um agradecimento eterno a Binky nas páginas iniciais de um livro".

Binky, para aqueles que têm a sorte de estar longe dos círculos de publicação de Nova York, é a superagente Amanda "Binky" Urban.

Nunca me encontrei com Binky, e tenho certeza de que nunca a encontrarei. Mas, de qualquer modo, devo estender meus agradecimentos eternos a ela, por ter sido a inspiração de um artigo no New York Observer, intitulado "Baby Binkys", sobre os agentes literários em evidência, em Nova York, com menos de 35 anos. Claro que o artigo também incluía Elizabeth Ziemska, minha empresária e 'garota', que imediatamente percebeu que o mundo precisava de um guia de *Como Ultrapassar a Barreira dos 30 com Classe e Elegância*, e rápido. Ah, que droga! Acho que esse é meu jeito enrolado de dizer "Obrigada, Liz!"

Também a todas as mulheres que me deixaram invadir seu espaço para entrevistá-las. Um agradecimento especial a todas as garotas da *Business Week* que me encurralaram naquele verão antes do meu aniversário de 30 anos e me colocaram na linha: Linda Himelstein, Joni Warner, Pam Black, Kathleen "Cachorro Louco"

Madigan, Joni Danaher, Cathy Arnst, Amy Dunkin, Lauren Stockbower, Dede Depke, Anne Murray, Ronnie Weil, Francesca Messina e Clarie Worley. Vocês estavam certas. Vocês me disseram que estavam.

Mais recentemente, prometi a Katharine Mieszkowski e Diane Sussman que seriam madrinhas do meu primeiro filho devido à sua oferta incansável de encorajamento, criatividade e líquido refrescante. Se um dia eu tiver um filho, elas terão de dividi-lo.

Obrigada a Matthew Carnicelli que riu da minha proposta, do meu manuscrito, das minhas piadas pelo telefone, e que me tratou na medida exata de mimos e severidade. Também à sua assistente, Jenna DiGregorio, que se identificou completamente com o meu livro, muito embora esteja uma década atrás de mim.

Uma reverência à mamãe e ao papai, claro, que com bom humor continuam me ajudando a pagar o aluguel de vez em quando. Uma piscada de olhos picante para Luke, que me mantém feliz e alimentada há vários anos, e o beijo molhado para Annie, que decidiu vir junto com tudo isso.

Sumário

Prefácio: Então, Estamos Assim ix

Introdução: Os 30 Acontecem xv
    Os Cinco Estágios para Chegar aos 30 xv
    Não Fique Só Folheando,
    Compre Logo o Livro xviii
    Uma Nota sobre a Linguagem xviii

1. Medo: O Que Você Quer Dizer com "Não Tenho Mais 24 Anos"? 1
    O Quê, Eu Preocupada? 1
    Muito Medo 4
    Medo de uma Nova Faixa Etária 6
    Medo de Crescer 8
    Medo de Tornar-se um Deles 10
    Medo do Conflito Musical 12
    Medo, Ódio e o Culto à Juventude 14
    Medo de Fazer uma Escolha... Qualquer Escolha 17
    A Escolha 20
    Medo de Envelhecer 22
    Medo de Não Fazer Parte da Geração X 23
    Medo do Seu Tempo Ter se Esgotado 24
    Medo de se Transformar em um Personagem
    do Seriado Thirtysomething 25
    Medo do Som do Relógio 26
    Medo de Ficar como Seus Pais 27
    Medo de Não Ficar como Seus Pais 29
    Medo de Tudo = Fuga! 29

2. Negação: (Não Há um Motivo Real para Ler este Capítulo) 33

Por Que Negar? 34
Patético, mas Necessário, e às Vezes Vale a Pena 35
Mentirosos Famosos 36
Nova Juventude 38
A Grande Fachada 39
Biologia Básica 44
Queda Total 46
O Relógio Biológico – Fato ou Ficção? 50
Morando com os Pais 54

3. Negociação: Vamos Fazer um Acordo 59

Determinação Nua e Crua 62
Rainha das Listas 65
A Base da Negociação 66
Minha Solução 68
Dando o Primeiro Passo 69
O Jogo da Comparação 70
No Comando CDFs 74
Iluminação 76

4. Contagem Regressiva: Seu Futuro a Espera 79

Quase 30 Anos 79
Dez: A Inauguração com o 29º Aniversário 84
Nove: O Primeiro Cabelo Branco 85
Oito: A Primeira Ruga 86
Sete: A Primeira Vez Que Seus Ossos Dóem 87
Seis: Perda do Metabolismo 88
Cinco: Casamento 90
Quatro: Bebês 94
Três: Casa Própria 95
Dois: Um Prodígio de Menina 97
Um: Uma Carreira Bem Estabelecida 100

5. Superação: Dicas para as Garotas Que Não Podem Usar Prozac 105

A Teia Que Tecemos 106
Dando Ouvidos à Erva de São João 108
Boas Vibrações 110
Pergunte à Isadora 111
Um Bom Conselho 113
Terapia de Grupo 115
Escreva 119
Fãs-Clubes 119

6. O Além: Bronzeada, Relaxada e com 30 123

Agora Posso Contar 124
Aos 30 e Avante 125
Justificativas Interessantes 131
Pratos Limpos 134
Três Pilares 134
Garota Autoconfiante 135

7. É Apenas um Trabalho 139

Uma História como Alerta 140
É um Meio de Vida... 142
Implante da Silicon 144
Terninho 147
O Mundo dos Bicos 148

8. Namoro aos 30 151

Não Há Regras 151
Lugares Onde Conhecer Homens 152
As Casamenteiras 153
Eventos de Caridade 154
Como Sobreviver a uma Noite com Três Casais 154
O Dilema Central do Namoro para as Garotas de 30 155

Homens Que Amam Suas Mulheres de
30 Anos e como Recompensá-los 157
Classificados 157
Homem Certo e Bola da Vez 159
Judeus Legais 160
Homens e Sapatos – Uma Conexão? 160
Coração Partido 161
Encontro no Almoço 164
Auge Sexual 167

Famosas Últimas Palavras 173
Sobre a Autora 177

P REFÁCIO

Então, Estamos Assim...

Deixe-me dar uma boa olhada em você. Está muito bem para uma garota da sua idade. Posso ver pelas roupas, rosto, atitude – você está na flor da idade, nos anos intermináveis entre seus 20 e poucos anos e a chegada dos 30. Se não fosse pela preocupação nos seus olhos e o modo como está segurando este livro, eu nunca adivinharia que está prestes a fazer 30 anos.

Desculpe. Eu não queria que você se afastasse.

Completar 30 anos pode ser um assunto muito delicado para você. Ou poderia ser um simples acidente curioso na estrada da fita que lhe dá vontade de acelerar. Seja como for que se sinta, é certo que está sentindo alguma coisa. Vamos encarar os fatos, nenhuma garota – não importa quanto seja sensata – espera que os 30 anos de idade venham bater à sua porta.

Ei! Isso acontece com as melhores pessoas. Mas quando você tinha 19 anos, a idéia de ter 30 parecia tão improvável quanto aceitar a idéia de usar sapatos plataforma. Essa moda ia acabar passando. E os sapatos plataforma, tenho certeza de que todos notaram, estão de volta.

Não faz muito tempo, você mesma tinha as piores idéias sobre as pessoas de 30 anos. Elas eram pessoas dignas de pena, as garotas sensatas, aquelas com olhares resignados. Claro que você conhecia uma ou duas garotas que tinham completado 30 anos e ainda estavam "por dentro", mas com certeza eram exceções. Você simplesmente assumia que alguma mudança química, que ocorria por volta dos 28, 29 anos, transformava uma jovem vibrante numa adulta cansada da noite para o dia. Tal maldição nunca mudaria sua vida. Esbravejava contra os homens de *30 e poucos* anos toda semana (embora os observasse sempre) porque pareciam incorporar a pior faixa etária. Você jurou com toda força dos seus pulmões que nunca seria um suíno repugnante como aquela corja quando tivesse 30 anos. Mas naquela época estava segura, pois tinha acabado de completar 20 anos, ou era ainda mais jovem. Talvez você ainda estivesse no colegial. Assim, podia jurar essas coisas com a certeza absoluta de que certamente nunca chegaria aos 30 anos. Deus me livre!

Mas isso está acontecendo. Você completará 30 anos e está se perguntando como chegou a esta situação. O que aconteceu com seus 20 anos? Você não acabou de se formar na faculdade? Não era sua idéia já ter conseguido algumas coisas com essa idade? Escrito um livro, talvez? Ou aberto seu próprio negócio? Provavelmente, acreditou que já estaria casada, imaginou que o bebê já estaria planejado. Mas aqui está, próxima aos 30 anos e ainda não conseguiu nenhuma dessas coisas. Muitas de vocês não têm nem companhia para sair na sexta-feira à noite.

O que realmente a irrita é que se preocupou com tudo. Sempre se considerou uma garota com substância, uma mulher com pensamentos independentes. Você nunca se importou muito com a moda ou o corte de cabelo. Com certeza, evitou todos aqueles testes ridículos das revistas femininas sobre "Como Segurar o seu Homem com 20, 30 e 40 anos". (Certo, você fez alguns desses testes recentemente enquanto esperava para fazer seu exame mamário anual.) Você gosta de pensar que sabe a diferença entre o que é real e o que é marketing. Sabe muito bem que a idade é apenas um número e que a velhice está na cabeça, etc., etc., e assim por diante.

Mas mesmo assim esse aniversário é diferente. A idéia de deixar a casa dos 20 e entrar na casa dos 30 a deixou... um pouco... transtornada. Na verdade, a idéia a assusta muito. As mais dramáticas podem até mesmo admitir uma alternância entre dois extremos com relação a isso. Nada parecido aconteceu com você antes, droga! E precisa de uma explicação.

Bem-vinda aos seus 30 anos. Essa idade tira todo mundo do eixo, pelo menos por um tempo. Até mesmo as garotas que você olha com inveja, aquelas que têm tudo o que você quer – os melhores empregos, os últimos homens ou bolsas Louis Viton autênticas –, também estão roendo as unhas de nervosismo. Se há alguma verdade sobre a virada dos 30 anos, é que não importa onde você esteja neste momento, pois não é onde gostaria de estar.

Eu sinto a sua dor.

Há apenas três anos, eu estava no seu lugar, completando 30 anos, antes que estivesse pronta e completamente confusa quanto a isso. Estou muito melhor agora, obrigada, mas, quando souber dos contrastes mentais por que passei entre 29 e 31 anos, você me verá com uma mistura de pena e surpresa. Mas posso assegurar-lhe, agora que estou oficialmente com trinta e poucos anos, que sou uma autoridade sobre como completar 30 anos e sobreviver.

Posso garantir que as coisas não são tão ruins quanto parecem quando você está com *A Crise dos 29*. Posso falar extensivamente sobre várias formas de negação e sua relativa eficácia. Posso dizer-lhe que, diferente daquilo que você acreditava quando tinha 23 anos, quase tudo fica muito melhor para uma garota depois dos 30. Na verdade, posso contar-lhe muitas coisas sobre os 30 anos que você esteja interessada em escutar agora.

Apresento-lhe o primeiro guia de *Como Ultrapassar a Barreira dos 30 com Classe e Elegância*.

Introdução

Os 30 Acontecem

Eu não sou uma cientista social. Mas tenho amigas o suficiente (e suficiente experiência jornalística) para identificar um padrão quando vejo um. Tudo o que ouvi, todos os desabafos de uma amiga após a outra, pelo telefone, sobre como elas têm certeza de que morrerão sem filhos, já que estão com quase 30 anos e não têm um namorado decente há dois anos, me leva a concluir que há um padrão distinto quando se chega aos 30. Existem cinco estágios, que podem acontecer sem uma ordem determinada, mas que mantêm o caos do Universo afastado. Que classifiquei como Medo, Negação, Negociação (As Listas), Contagem Regressiva e Além.

Vamos imaginar que isto seja uma revista ou um site e resumir, resumir e resumir. O resultado seria o seguinte:

Os Cinco Estágios para Chegar aos 30

Medo

Cai sobre você a realidade de que: o tempo não a deixou ilesa. Você também vai envelhecer e, claro, um dia também terá 30 anos. O medo atinge mulheres diferentes em momentos diferentes – às vezes já com 22, às vezes com 31, mas freqüentemente por volta do aniversário de 25 anos. E há muito o que temer, certo? Tem, claro que tem. Faremos uma lista aqui.

Negação

Basta não pensar nisso que tudo desaparecerá, certo? Errado! Algum dia, essa estratégia funcionou? E, nesse caso, se ignorar o fato por muito tempo, uma hora abrirá os olhos e já estará nos últimos dias dos seus 29 anos. E onde isso levará você? O estágio da negação é onde muitas mulheres começam a mentir sobre sua idade, algo que juraram não fazer quando estavam com vinte e poucos anos. A negação também é a razão pela qual muitas garotas que conheço decidem correr e colocar um *piercing*...

De qualquer modo, o estágio de negação não dura muito tempo, porque as leis da biologia ditam que você terá 30 anos, não importa o que faça, por ser um ato de Deus. Ou você se acostuma com a idéia e tira melhor proveito ou dá uma de Kurt Cobain, o que é um pouco melodramático para sua idade (mas veja só as maravilhas que ele fez pela carreira de Courtney Love). Além do mais, você realmente quer perder o seu ápice sexual? Eu acho que não.

Negociação (As Listas)

Listas grandes, pequenas, escritas no seu diário secreto ou feitas no trabalho para serem impressas em gráfico no formato de pizza na impressora laser colorida. Listas de realizações, bens materiais, sonhos ou objetivos. O único atributo é que determinou que deveria ter feito tudo aos 30 anos. Todos fazem isso. A revista *Swing*, para o público dos vinte e poucos anos, publicou recentemente uma lista intitulada "100 Coisas que Você Deve Fazer Antes dos 30" (incluindo instruções para dançar num bar e fazer um seguro). Tragicamente, a maioria das coisas que está na *sua* lista são grandes realizações (como um marido, filhos ou bestsellers ... embora um plano de saúde não seja uma má idéia). Não se trata do tipo de coisa que você pode comprar numa loja (ou pelo menos não espera fazer isso). Ficar remoendo essas listas geralmente nos leva a perceber que designar tais realizações a uma idade arbitrária é uma perda de tempo. Mas isso realmente ajuda a colocar seus desejos e anseios mais secretos sob a luz do dia, o que também pode motivá-la a selecionar um ou dois itens da sua lista para investir neles.

Contagem Regressiva

Essa contagem começa oficialmente na noite do seu 29º aniversário. Não importa o tipo de celebração (e há muitos para você escolher), seu taxímetro interno terá dado mais uma volta. Não se pode evitar. Mesmo que acredite que está bem ajustada com isso tudo, tenha certeza de que, durante todo esse ano, uma voz irritante estará sempre presente para lembrar você: "Cinco meses para os 30 anos". Nós olhamos todas as "primeiras coisas" que você espera perceber agora, além das grandes coisas que deveria ter realizado antes desse ano. Então, explicamos por que você pode adiá-las por mais alguns anos.

O Além

No dia do seu 30º aniversário, você vai acordar tão aliviada que sentirá como se tivesse acabado de ganhar na loteria. Agora você pode seguir em paz com os próximos 50 ou 60 anos da sua vida e nunca mais terá de se preocupar com seu aniversário de 30 anos. A parte mais agradável é que verá como a vida fica muito melhor agora que tem idade suficiente para saber avaliar as coisas, mas ainda é jovem o suficiente para se arriscar. Damos uma boa olhada nas novas realidades para a garota de 30 e poucos anos, na sua carreira, confiança, no seu namoro e ápice sexual.

Organizadinho, né? Você não achou que esse marco poderia ser dividido em cinco compartimentos fáceis de se lembrar, achou? Bem, isso pode ser feito porque o mundo adora pequenas listas organizadas (é por isso que as garotas que estão chegando aos 30 fazem tantas listas). É que se trata do final de um ciclo e qualquer uma de nós pode se proclamar uma profetisa se quiser. Além do mais, ninguém nunca escreveu nada sobre esse assunto sem falar sobre creme de beleza antes. No que me diz respeito, tudo está aberto à sua interpretação pessoal. (Mas falo sobre os cremes na seção sobre rugas.)

Vou dizer-lhe mais uma coisa, só para evitar que leia a última página desse livro para ver a idéia principal: depois que completa 30 anos, não há dinheiro no mundo que faça você voltar aos 22. As mulheres são unânimes quanto a isso, mesmo aquelas cujo meio de vida depende da sua beleza e juventude. (Lembre-se, não há nada de errado em ter uma aparência de 22 anos se isso a deixa feliz ou paga o aluguel. E eu agradeço a todos os atendentes das mercearias que exigiram o meu documento para ver se eu tinha idade suficiente para comprar o vinho do jantar. Deus abençoe a todos vocês, do fundo do meu coração de 33 anos.)

Não Fique Só Folheando, Compre Logo o Livro

Por que você precisa deste livro? Porque é o único livro que ousa orientá-la para o maior aniversário da sua vida até agora. Considerando que qualquer pessoa possa oferecer um guia sobre como envelhecer, eu pretendo fazer isso por meio de muitas situações cômicas pessoais, entrevistas com outras garotas (algumas assim como você, outras muito mais bonitas ou bem-sucedidas) e um pouco de conhecimento de verdadeiros especialistas em assuntos como casamento e saúde física. Uma grande abundância de gestos simpáticos espera por você. O livro está organizado para acompanhar o seu próprio pânico pré-30 anos. Teço a trama com minha própria história em uma tentativa de deixá-la à vontade, porque é raro encontrar alguém que tenha se aproximado dos 30 com mais tumulto do que eu. Depois, eu conto exatamente do que você tem medo (e há muita coisa aí, talvez seja melhor preparar um chá de camomila antes.). A partir desse ponto, eu examino a negação, a negociação e a criação de listas sem-fim, a contagem regressiva dos 29 anos até a chegada do grande dia, que nada mais é do que o oposto do clímax. Mas primeiro você precisa ler tudo isso. Finalmente, eu trago boas notícias: toda a melhora que você pode esperar com seus 30 anos – coisas como carreira, namoro, sexo e autoconfiança.

Para resumir, você que está prestes a completar 30 é uma garota de sorte.

Uma Nota sobre a Linguagem

Por favor, meninas, percebam que eu usei o termo *garota* no melhor sentido. O mesmo se aplica aos termos *meninas, senhoras, amigas* etc. Para parafrasear a grande deusa Cynthia Heimel, autora do livro *Sex Tips for Girls (Dicas de Sexo para Garotas)*, nós podemos nos chamar de garotas, bonecas, minas, gurias, seja o que for, mas que Deus tenha piedade da alma do homem que fizer isso.

10 Mitos sobre os 30 Anos

1. Durante a noite do seu 30º aniversário, sua antiga personalidade jovial e despreocupada desaparecerá repentinamente e sem explicação.
2. Caso você desperte, se sentirá velha.
3. Se não se sentir velha, certamente terá cara de velha.
4. Você devia ter se casado com aquele último cara.
5. Não precisa se preocupar, agora você não deve mais ser fértil.
6. Sua carreira estacionou para sempre.
7. Você nunca conseguirá abrir seu próprio negócio.
8. Você nunca escreverá aquele romance/filme/seriado.
9. Ninguém usará o termo *prodígio* e seu nome na mesma frase.
10. Agora você terá de agir como uma adulta.

Você precisa entender melhor o tom do livro? Certo. Imagine que você estivesse sentada comigo em um café numa tarde de domingo. Pedimos bebidas com cafeína e fizemos uma aposta para descobrir se o deus grego que está servindo nossa mesa é gay ou hetero. Isso é um papo muito sério.

Portanto, se não está a fim ou se o mito está pesando mais seriamente sobre você do que sobre o resto de nós, largue este livro e vá em direção à seção de estudos femininos. Tudo bem? Eu falo sério.

Quem sou eu para falar de tais assuntos? Amiga, ninguém teve mais chilique para completar 30 anos do que eu. Em resumo, eu trabalhei, planejei, tramei, fiz o que foi necessário durante todos os meus 20 anos para chegar onde estava aos 30. E, quando finalmente cheguei lá, dei uma olhada ao redor, considerei-me um fracasso e comecei a arrumar toda a bagunça. Claro que passei pelos cinco estágios para chegar aos 30, mas foi mais ou menos assim: Medo, Contagem Regressiva, Negociação (As Listas), e, quando já tinha 30, Negação e o Além. Mas você quer ouvir tudo, não quer? Muito bem. Mais um motivo para ler este livro. Afinal, o que você estava fazendo no sábado à noite?

Isso é exatamente o que quero dizer.

1 MEDO

O Que Você Quer Dizer com "Não Tenho Mais 24 Anos"?

Ter 30 anos parece maravilhoso quando você tem 50, mas é assustador aos 29.

Darian O'Toole, ex-DJ do programa
K<small>BIG</small>, EUA, filosofando na manhã
do seu 30º aniversário

O Quê, Eu Preocupada?

Sempre fui preocupada, pergunte à minha mãe. Quando seria meu primeiro dia no jardim-de-infância, acordei antes do sol, me vesti e insisti para que minha mãe me levasse naquele momento, para que eu não chegasse atrasada. Ela me garantiu que era cedo demais para ir para a escola. Como eu ainda não sabia ver horas, não tive escolha a não ser aceitar, mas não acreditava que minha mãe levaria meu primeiro dia de aula tão a sério quanto eu. Então, passei a acordá-la a cada meia hora só para garantir. Lembro-me muito bem da sensação de pânico que me dominava cada vez que eu voltava ao quarto para esperar mais alguns minutos. Sentia como se tudo estivesse indo muito mal, como se meu futuro estivesse escapando pelos meus dedos antes mesmo de começar. Esse tipo de aflição me assombra até os dias de hoje.

Aos 22 anos percebi pela primeira vez que o tempo estava passando. Eu ainda não tinha terminado a faculdade, mas, quando me comparava com amigas que não tinham prestado vestibular, sentia como se estivesse perdendo tempo. Parecia que elas estavam realmente conquistando alguma coisa. Recebiam promoções no trabalho, algumas já tinham famílias, uma em especial começou a fazer comerciais enquanto estava no colegial e agora fazia pequenos papéis em filmes importantes. Enquanto isso, estive sentada nas aulas de Microeconomia 101 e Ciência Política 6 nos últimos quatro anos. "O que fiz da minha vida até agora?" Levei as mãos à cabeça, pensativa. Não havia nada que eu pudesse apontar como realização na minha vida. Claro que eu só tinha 22 anos e alguém deveria ter me dado um tapa na cara para que eu caísse na real.

Aos 25 anos, meus amigos e colegas de trabalho de um pequeno jornal semanal me deram nada menos que três bolos de chocolate, um relógio e dezenas de cartões, muitos com dizeres que apontavam para o óbvio: "Faltam cinco anos para chegar aos 30!" E novamente a vida ficou nebulosa. "Já tenho um quarto de século!" Como sai dos 18 anos e cheguei até aqui tão rapidamente? Estava preocupada, mas nem tanto, porque ainda havia tempo. Sentia que algo estava prestes a acontecer na minha vida e os 30 anos pareciam distantes o suficiente para não representar uma ameaça real ao meu bem-estar.

Os próximos cinco anos foram devorados pelo trabalho, pela pós-graduação, pela busca de emprego e ainda mais trabalho. Tentar construir uma carreira é uma maneira muito eficaz de passar o tempo, quase tão bom quanto não fazer nada. No momento em que parei para olhar ao redor, estava exatamente onde nunca esperava chegar: quase 30 anos. Não. Nada tinha saído como planejado. Para mim, pessoas com 30 anos eram adultas. Com essa idade, já eram proprietárias de casas ou carros do ano ou fundos de investimento; estavam casadas e algumas já tinham (ai, ai!) filhos. Isso provava que essas pessoas tinham organizado suas vidas, empregos e prioridades.

Era ótimo saber que nenhuma pessoa dos círculos que eu freqüentava se encaixava nessa categoria, porque eu não me encaixava. Na verdade, apesar de todos os meus esforços para virar esse jogo, a vida por volta do meu 30º aniversário era totalmente sem graça. No papel parecia ótima, tinha até um pouco de *glamour*. Eu tinha realizado, tecnicamente, os sonhos que estabeleci na época da faculdade: estava morando em Nova York, trabalhava como editora em uma grande revista, tinha muitos amigos e nunca ficava mais do que quatro semanas sem namorado. Então, qual era o problema?

Ainda não tinha escrito um romance e esse era o problema. Nem tinha conseguido publicar um conto no *New Yorker*, como planejei conseguir até essa data, quando comecei a escrever aos 17 anos. Ainda não tinha conhecido meu Príncipe Encantado. (Deixei meu Príncipe Encantado na Califórnia quando me mudei para Nova York.) Claro que ainda não tinha um bebê, e levando em conta os tremendos idiotas que vinha namorando, não teria um tão breve. Embora trabalhasse mais do que o período integral, nunca tinha dinheiro suficiente para efetuar o pagamento mínimo do meu cartão de crédito, que dirá o empréstimo de 15 mil dólares que fiz durante a pós-graduação. Dormia em um colchão no chão em um quarto do apartamento que eu dividia com outra garota nas mesmas condições que a minha. Tinha a imensa quantia de 200 dólares na poupança e me orgulhava de ter economizado tanto. Sempre recorria aos meus pais para uma transferência de pequenas quantias para pagar um tratamento dentário aqui, completar o aluguel ali. Conforme os 30 se aproximavam, percebi que não passava de uma infeliz, atolada em dívidas, que odiava o emprego e o apartamento e não estava nem perto de encaixar-me no *ranking* dos adultos. Estava cada dia mais rabugenta e me perguntava o que tinha acontecido com os oito anos entre a faculdade e o dia de hoje, e como era possível viver como se ainda tivesse 19 anos. Ainda mais aterrador: Como eu poderia consertar tudo isso antes de acordar com meus 30 anos pesando sobre mim? Não tinha como. Minha preocupação atravessou a barreira da percepção para se tornar um sentimento mais desesperado que tomou conta de todo o meu corpo. Minha preocupação tinha se transformado em medo.

Estou sozinha neste barco? Acredito que não. Existem muitos cartões na prateleiras com dizeres como "Agora Você Tem 30 Anos" e muitas listas com as "100 Coisas Que Você Deve Fazer Antes dos 30" publicadas nas páginas brilhantes das revistas femininas. Conheço muitas garotas que estão chegando aos 30, todas garotas sensatas e aterrorizadas, e tudo isso me diz que não sou a única que precisa de terapia. Se duvidar disso, nem que seja por um momento, pergunte-se se você sentiu algo parecido quando estava completando 20 anos. Eu acho que não.

Muito Medo

É verdade que há muito para temer no mundo de hoje. Redução do quadro de funcionários, globalização, fúria no trânsito. Há tanta turbulência nos muitos canais de TV (sem falar na Internet) que não é de se espantar que tudo lhe dê calafrios. Mas o medo de completar 30 anos é sufocante, ele vai crescendo a partir do seu 27º aniversário e parece ter a importância que, digamos, o medo de ter câncer cerebral por usar celulares não tem. Esse medo é pessoal e traz implicações para sua vida e seu futuro.

Todos já ouviram falar de pesadelos em relação ao 30º aniversário. É quase uma lenda urbana. Algumas histórias mais pesadas, como aquela do rapaz que desenvolveu o Mal de Alzheimer aos 31 anos, preferimos ignorar, bem como os rumores dos enormes crocodilos mutantes que vivem nos esgotos. Outras, no entanto, são verdadeiras e bastante assustadoras.

Darian O'Toole ficou apavorada com a idéia de completar 30 anos por um desses motivos. Mas aos 29 anos já tinha uma carreira bem-sucedida como DJ do seu próprio programa em São Francisco, um empresário, legiões de fãs e muitos dólares. Havia pôsteres com sua foto – uma linda jovem com seus longos cabelos ruivos e sorriso forçado – colados nas traseiras dos ônibus que circulavam por toda a cidade. Ao decidir comemorar os 30 anos durante seu programa de rádio, o resultado foi uma brilhante produção. Dezenas de pessoas, homens e mulheres, telefonaram para acalmá-la enquanto atravessava os cinco estágios do processo pelas ondas do rádio. Achei isso ótimo. (Que garota maravilhosa para descrever no meu livro!) Liguei para seu produtor e deixei uma mensagem para Darian, que me ligou entusiasmada na semana seguinte. "Adoraria conversar com você sobre meu aniversário de 30 anos", disse. "Ainda estou tendo chiliques por causa disso".

Duas semanas mais tarde, telefonei para marcar a entrevista. Claro que, tratando-se da minha pessoa, eu tinha perdido o envelope com seu número de telefone. Não importa, pensei, basta ligar para a emissora de rádio. Mas, quando liguei, a recepcionista respondeu friamente: "Ela não trabalha mais nesta rádio desde quarta-feira passada".

Aparentemente (enquanto estive em Plutão, ou alguma outra dimensão onde não há jornais), outra empresa havia comprado a emissora de rádio e executado uma mudança brutal em seu formato. Nenhum cabeludo que fazia parte da antiga rádio de rock-and-roll sobreviveu, desde a DJ do programa da manhã até o mais humilde dos assistentes de produção. Fiquei chocada.

Usei todas as táticas de repórter para localizar Darian O'Toole. Vasculhei todas as minhas anotações novamente e revirei toda a bagunça em volta do meu computador. Verifiquei todas as informações e procurei na agenda de telefones. Fiz pesquisas na Internet, telefonei para outras estações de rádio e nada, nenhum sinal de Darian O'Toole. Ela tinha completado 30 anos, tinha sido chutada do trabalho e desapareceu.

Tenho certeza de que conseguiu se erguer novamente (afinal, é para isso que serve um empresário). E as mudanças radicais no formato são uma rotina no mundo das emissoras de rádio. Mas ainda sinto um calafrio percorrer pela espinha sempre que penso nela: estar no centro das atenções em um dia, desaparecer no outro. Então é verdade, existem motivos para temer os 30 anos. Enquanto muitos podem achar irracional temer o que é apenas mais um aniversário, muitos ainda diriam que ele não pode ser evitado. Tenho que dizer-lhe: entregue-se de uma vez. Você não tem forças contra isso, lutar só faz com que se afunde ainda mais. Vamos, quem está na chuva, é pra se molhar. Isso facilitará o progresso dos próximos quatro estágios até os trinta anos e, quando você estiver a salvo com seus trinta e poucos anos, discutir sobre o que foi toda aquela confusão será um ótimo assunto para um jantar.

Com relação ao medo, Franklin D. Roosevelt fez a melhor declaração: "Acredito firmemente que a única coisa a temer é o próprio medo", o que trouxe grande vigor para conversas sobre problemas reais como a Depressão, mas de pouco auxílio para as garotas que não têm nada a temer, exceto crescer e, depois disso, envelhecer.

Uma Advertência

É aqui que abaixo minha cabeça e me protejo contra o ataque de todas as pessoas com mais de 30 anos que acabaram de ler a última passagem. Deixe-me explicar: *Eu sei que 30 anos não é uma idade senil de maneira alguma*. E eu sei que serei alvo de zombaria por parte de todos os especialistas do envelhecimento que vão pensar que estou afirmando que 30 anos de idade significam o início do declínio, o caminho montanha abaixo. Mas tudo o que estou tentando dizer é que agora a montanha já está ao alcance dos olhos. Eu sei que essa idade não implica velhice porque as mulheres da geração da minha mãe estavam ocupadas demais, correndo atrás de seus filhos de 10 anos, para se preocupar com esse aniversário. Sei disso porque os homens de 70 anos ainda apertam nossas bochechas e nos chamam de gracinha. Eu sei que a maioria das pessoas de 40 anos não consegue nem entender o motivo deste livro.

Mas também sei que todas as garotas com menos de 30 *não* sabem disso. E é por isso que está lendo este livro. Você precisa saber que o medo de chegar aos 30 é absolutamente normal. Tão normal que pode ser dividido e examinado como um projeto de biologia da sétima série, tão normal que nenhuma de nós vai rir de você. Seus medos não a fazem ser uma tonta, eu juro.

Medo de uma Nova Faixa Etária

Não, você não é velha. No entanto, é a primeira vez que respira essa sensação. É o primeiro sinal do seu próprio envelhecimento. (Quando eu começar a divagar demais, pode bater em mim à vontade.) No léxico do envelhecimento, existem vários estágios para "velho". Existe um jovem velho e o velho – e para mim trinta anos é a primeira percepção do velho. Ainda que você saia todas as noites e faça mechas vermelhas em seu cabelo, mesmo que você esteja se esforçando ao máximo para manter seu status de "bicho-grilo" e siga usando roupas despojadas, quando o 30º aniversário bater à sua porta, de repente se sentirá como uma fraude. Afinal, a sociedade espera que todas as pessoas de 30 anos comecem a agir como adultos. E, de certo modo, você concorda com isso.

"Não é que eu me sinta velha", diz Trisha Szajak, 31, que até pouco tempo cantava numa banda de heavy metal e ensinava os rapazes como beber feito homens. "É que estou velha demais para *isso*".

Quando você percebeu que, oficialmente, não fazia mais parte da juventude? Foi quando ouviu a rádio da faculdade e percebeu que não tinha a menor idéia do tipo de música que estava tocando? Foi quando passou na frente do seu antigo colégio e os alunos pareciam... crianças? (Provavelmente, os pestinhas arremessaram coisas em você.) Ou foi mais recentemente, quando seu irmão mais novo a convidou para uma festa da faculdade, mas a idéia de "encher a cara" com um bando de garotos de 21 anos revirou seus olhos? Talvez tenha sido algo mais simples, como marcar 30-45 anos na primeira opção do formulário da garantia de sua nova batedeira de bolo, porque ninguém com menos de 30 compraria uma.

Seja como for, o reconhecimento de que você não faz mais parte da geração jovem é um choque. Afinal, até agora você tinha sido alvo da mídia de massa, já que a televisão tem visado o público jovem. Quando *Vila Sésamo* foi ao ar pela primeira vez, em 1972, nós estávamos lá, crianças de 3 a 6 anos chorando porque não era um desenho animado. Assistimos a todos os programas de *Topo Gigio*, *A Feiticeira* e *O Homem de Seis Milhões de Dólares* esparramadas com nossos amigos nas almofadas da sala dos nossos pais. Quando a TV a cabo estava dando seus primeiros passos, Pete Townshend nos disse: "Eu quero a MTV". E nós, como adolescentes impressionáveis, concordamos imediatamente e aderimos com tudo ao novo canal de música da tevê. Você se lembra da música "Forever Young" de Bob Dylan? Éramos assim. Como poderíamos ter uma imagem nossa que não fosse eternamente jovem?

Mas então chega o dia em que um adolescente a chama de "tia". Percebemos que assistimos ao filme *Guerra Nas Estrelas* quando foi lançado, há vinte anos, época em que éramos adolescentes! Durante boa parte da sua vida, somente os adultos usaram frases como "Eu me lembro de quando..." ou "Quinze anos atrás...". Mas agora você também pode pegar o velho vinil *The Wall*, de Pink Floyd, que está numa caixa na garagem dos seus pais e dizer: "Eu me lembro de quando este disco foi lançado... 17 anos atrás". (Agora mesmo tenho vontade de chorar.)

Mais pistas de que você está numa nova faixa etária: defina música "ambiente". Você não consegue, certo? Provavelmente, não saiba dançar também. E você imagina por que todas as crianças com mais de 10 anos têm um *pager* pendurado nas calças hoje em dia? Nem eu.

Senhoras, não fazemos mais parte da juventude.

Agora sinto-me bem com tudo isso, acredite. Mas, enquanto via meus 20 anos chegarem ao fim, foi difícil de agüentar.

Medo de Crescer

Mas vamos ao que interessa. Completar 30 anos significa coisas muito diferentes para pessoas diferentes, mas a conclusão é a mesma: temos medo de envelhecer. Pulsando no coração de todas as garotas de 29 anos está o medo, embora distante, de um dia envelhecer. Mas talvez haja um medo ainda mais imediato, o medo de crescer. Envelhecer e crescer. Para atingir um, é preciso passar pelo outro. E, como todos sabem, não há nada de divertido no envelhecimento, pelo menos não neste país.

Embora a frase "Nunca confie em ninguém com mais de 30" não tenha sido cristalizada pela nossa geração, essa idéia tem circulado na nossa cultura por tanto tempo que é quase uma noção inerente. *Eles* têm mais de 30. Sabe: os adultos, a instituição; não a gente. Coitadinhos.

Sejamos claras. Esse não é "apenas outro aniversário". O fato permanece, no dia que completarmos 30 anos seremos arrastadas esperneando e berrando para a fase adulta, quer estejamos prontas ou não.

Ninguém quer crescer. Nem mesmo uma garota que possua certas características da vida adulta – digamos que seja casada, tenha um carro do ano ou esteja poupando em um plano de previdência do tipo PGBL (e saiba definir o que seja isso). Ela também não está muito empolgada com a idéia de ter que crescer. Isso é para os outros, para sua tia Filomena, seu dentista.

"Mas eu não quero ser adulta", segue o lamento. E, na verdade, por que deveria? Os adultos são alvo de zombaria por parte de todos na nossa cultura, até mesmo de outros adultos. David Letterman, por exemplo, ganha a vida fazendo piada dos adultos, enquanto se recusa a crescer. E seu 30º aniversário já se passou há muito tempo.

Além do mais, quase tudo associado aos adultos é mundano e burguês, então, é óbvio que queremos tudo isso desesperadamente. O problema é que a maioria de nós não pode comprar essas coisas e por isso falamos mal sempre que possível.

Viu? Além de ser estúpido, é fútil. O que crescer significaria realmente? Significaria que teríamos de parar de mudar de casa a cada ano. Significaria ter que comprar uma cama de verdade e aposentar o velho colchão. Significaria ter que comprar intencionalmente um novo sofá em vez de usar aquele que

Lista dos Adultos

Perca um minuto do seu tempo para verificar esta lista.

Algum destes itens parece divertido? Não, não parece. Especialmente para as garotas da nossa geração, especialmente neste país.

- Financiamento da casa própria. Humm, nunca fez com que a mamãe e o papai dessem pulinhos de alegria.
- Filhos. Seus pais tiveram, você não tem. Ninguém que você conheça tem. Em geral, os filhos exigem estabilidade e/ou marido ou outro companheiro, que, somando tudo, é exigência demais.
- Poupança/investimentos. Por favor, Deus, permita que o mercado entre em colapso para que eu possa ir logo para o fundo do poço.
- Plano de saúde. Mais uma vez, um complemento da idade adulta tido como certo pelos nossos pais e avós, mas esquecido pelas agências de empregos temporários.
- Um jipe. Hoje em dia, são chamados de *Land Rovers* e custam mais ou menos o que nossos pais pagaram por sua primeira casa.
- Móveis de tecido. Não ficam nada bem num princípio de incêndio.

você encontrou na esquina. Com exigências como essas, não é de se espantar que a escritora Sandra Tsing Loh, de 30 e poucos anos, tenha se referido a nós como a geração dos móveis Ikea (uma rede global de móveis).

Aqui está um exemplo melhor. *Harry e Sally – Feitos um para o Outro* é meu filme favorito, que precisa ser visto ainda no primeiro mês de qualquer novo relacionamento. Então, acredito que posso fazer citações do filme para esclarecer meu ponto de vista.

Certa noite, Sally liga para Harry aos prantos. Alarmado, ele vai até o apartamento dela, onde a encontra chorando. O ex-namorado, com quem ela tinha terminado há pouco tempo por causa de besteira, acabou de avisá-la que estava noivo e ia casar. De repente, ela desaba. Seus piores pesadelos tinham deixado o subconsciente e vindo à tona. "Vou fazer 40 anos!", grita para Harry, que comenta que ainda faltam oito anos para seu 40º aniversário. "Certo, mas está chegando", grita. "Está me esperando lá fora como um beco sem saída".

Qual de nós consegue ver essa cena e não tremer? Quem quer ter 40 anos?

Medo de Tornar-se um Deles

Embora seja trágico, todos chegaremos lá e, independentemente de como nos sentimos em relação a crescer, isso vai acontecer de qualquer maneira. Está acontecendo agora mesmo, em um milhão de formas sutis. A natureza, em toda a sua sabedoria, providenciou várias mudanças hormonais para acalmar nossos seres revoltos e radicais, gerando versões mais sensatas. E isso nunca acontece de uma vez, para que se possa fazer uma comparação rápida entre o antes e o depois com o intuito de desenvolver um tratamento que evite tudo isso. Não. Você é envolvida lentamente até que não possa escapar dessas garras mortais, e, antes que perceba, já aprendeu a gostar das músicas do Ray Coniff ou de *jazz*. Pelo menos a tendência é acontecer isso em grupo, assim você nunca estará sozinha e sempre haverá alguém que a compreenda (supondo que você saia com pessoas da sua idade ou mais velhas).

Procure em sua turma de amigos os sinais para saber o que vai acontecer com você. De repente, uma amiga casa. Depois outra. Logo, a primeira tem um filho e também uma terceira amiga casa. Antes que você se dê conta, grande parte do grupo está participando de jantares e indo para cama num horário razoável. De repente, a idéia de ir a uma danceteria e ficar lá até altas horas é tão interessante quanto um sanduíche frio de atum. Você prefere ficar em casa com sua cara-metade e assistir a *Toy Story* pela terceira vez do que se aventurar em uma balada (onde você terá de gastar por volta de R$40,00, sem falar no estacionamento). As festas de réveillon ficam cada vez mais civilizadas, todos os copos e taças permanecem intactos. Eu já vi isso acontecer, passei por isso. Não é assim tão ruim, mas agora já tenho quase 34 e é tarde demais para mim.

Não estou querendo dizer que a espiral descendente e inevitável em direção à vida adulta significa que, no ano que vem, você se candidatará à organização da venda de bolos da Associação de Pais e Mestres quando na verdade gostaria de estar em um *happy hour* com um supergato. Atingir a plenitude da vida adulta pode levar anos e algumas garotas conseguem chegar lá aos 40 e poucos anos. Também não estou dizendo que se tornar um adulto seja de todo mal. (Você passa a receber descontos no seguro do carro a partir dos 35 anos, por exemplo.) Mas uma garota não precisa ter pressa. Afinal, todas nós sabemos que os 30 anos são a linha divisória entre o jovem e o adulto. Entre nós e *eles*.

Se a juventude eterna é essencial para dar seqüência à sua existência feliz nesta terra, então se sinta à vontade para esconder a verdade dos seus amigos mais jovens. Mas esteja prevenida: 30 anos é uma idade auto-delatora. Imagine a garotada fazendo pose de esperta nos *shoppings* da vida. Até eles sabem a diferença entre uma garota de 20 anos bancando a rebelde sem causa e uma garota de 30 fazendo a mesma coisa. Todo mundo percebe que há algo errado com você quando suas roupas despojadas não combinam com sua atitude aos 30 anos. (Aquela garotada de 10 anos não a vê como uma rebelde sem causa, mas, sim, como uma pobre coitada.) Uma garota que eu conheço disse: "Não é um problema estar cheia de dúvidas e ainda morar com seus pais quando tem 22 anos, mas, depois dos 30, você não passa de uma fracassada".

Não pense que é mais fácil para as garotas que já concluíram algumas coisas da sua lista de "O que fazer na vida". Veja Nicole Gorham, 29, que é treinadora de basquete. Ela está casada com um rapaz gentil, eles têm uma casa legal (certo, tudo bem que ela odeia os vizinhos, mas isso não é um conto de fadas) e um garotinho lindo chamado Will. O que ela acha de completar 30 anos? "Eu não quero envelhecer!", resmunga sempre que o assunto vem à tona. Tentei lembrá-la que 30, visto em perspectiva, não é velho. "É velho quando você leciona no colegial", acrescenta. "As meninas ouvem músicas que eu nunca ouvi antes e usam palavras que eu não entendo. E, sempre que ouço uma música que eu gosto tocando no rádio e começo a dançar, elas riem de mim".

Medo do Conflito Musical

A música é a grande linha divisória entre nós e eles. Sempre foi assim e sempre será. Assim como o vovô reclamava do *rock-and-roll* e a mamãe ficava irritada com o grunge, nós também torcemos o nariz para qualquer tipo de música que os adolescentes estejam ouvindo nos dias de hoje.

Odeio ter de falar isso, mas a menos que você trabalhe como DJ numa casa noturna, o tipo de música que a maioria de nós ouvia nos áureos tempos agora faz parte das seleções das rádios de *rock* clássico em todo o mundo. Algum de vocês pode me dizer, por exemplo, que diabos é *Jungle*? Eu sei mais ou menos como é o *trip hop* (que é diferente do *hip hop*), mas a única razão pela qual posso definir a velha escola é porque reconheço algumas das músicas que tocavam na rádio AM durante minha infância. Os nomes dos artistas nas listas Top 10 de hoje em dia mais parecem sânscrito.

Talvez você não se dê conta disso até que alguém a convide para uma daquelas festas estúpidas dos anos 80. Você conhece bem o tipo – gravata brilhante, camiseta colada ou qualquer coisa com xadrez cor-de-rosa-choque e cinza. Você está dando uma olhada para ver se encontra algum CD antigo do Go-Gos ou da Cindy Lauper quando alguém avisa você que pode encontrar tudo isso em um CD compilado, "New Wave 80's", pelo telefone, por apenas R$ 9,99. As telefonistas estão esperando. Puxa! Sua juventude se tornou um péssimo comercial de televisão. Ou, pior ainda, talvez uma colega de trabalho mais jovem ainda a faça se lembrar da grande distância entre o que você ouvia e o que ela ouve. Aconteceu quando eu fui a um piquenique do 24º aniversário de uma colega de trabalho. Ela pegou a trilha sonora de um filme recente sobre a reunião de ex-alunos, dez anos após o término do colegial. A trilha trazia músicas que eu não ouvia há anos, músicas que trouxeram lembranças alarmantes. Mas isso não foi ruim. Tudo piorou quando minha amiga começou a dançar ao som de "*My Sharona*", de *The Knack*, uma música muito popular quando eu tinha entre 15 e 16 anos, naquela época como parte da trilha sonora de outro filme. "Meu Deus", lembrou-se, "Eu adorava essa música quando estava no primário!"

Nada estraga mais o meu dia do que quando me lembro de que os calouros do colegial de hoje não tinham nem nascido quando me formei.

Mas eu nunca achei que ficaria tão velha a ponto de me sentir perplexa com a música de outras pessoas. Quando eu tinha 16 anos e gostava principalmente dos discos do *The Police*, estava disposta a admitir que algumas músicas da *Big Band* ouvidas nas trilhas sonoras dos filmes eram divertidas e que uma ou duas fitas clássicas da mamãe tinham lá seu mérito. Mesmo no final dos meus vinte anos, eu me espantava com os adultos que não conseguiam ver a geniosidade de Kurt Cobain. Mas, assim como tantas outras revelações que tive durante minha viagem até o 30º aniversário, acabei vivenciando o grande conflito musical entre mim e eles.

Eu estava em Chipre, saindo com um bando de mergulhadores ingleses que conheci na balsa para a Grécia (essa história fica para outra hora). Eles passavam o dia trabalhando e, todas as noites, saíam para festas que me chocavam por seus extremos. Deixe-me ressaltar o fato de que eram: (a) ingleses, portanto, geneticamente capazes de consumir muito mais álcool do que eu poderia sonhar, (b) em média 10 anos mais novos do que eu. Todas as noites eles se reuniam na casa de alguém, bebiam vários litros de alguma bebida destilada mortal, tocavam uma fita caseira e começavam a girar feito loucos ao som da música mais irritante e sem compasso que já ouvi na minha vida: o *techno*.

BAM BAM BAM BAM BAM BAM BAM BAM BAM BAM BAM dum BAM! Isso se seguia noite adentro e os mergulhadores e seus amigos ficavam em transe. Sacudiam os cabelos e balançavam as mãos no ar, ondulavam como cobras marcando o que parecia uma nova era. Eu fiquei sentada num canto, bebendo aos poucos meu primeiro (e único) copo de bebida e tentando ouvir a música, por trás das batidas, que eles estavam dançando. Sempre tive ritmo, mas dançar o mesmo ritmo por duas horas é demais! Então, descobri que boa parte da empolgação se devia a uma droga, o ecstasy, que deveria ser ingerido para que se pudesse apreciar toda a beleza do *techno*. Eu já tinha ouvido falar dessa droga anos atrás, exatamente na época em que parei de usar drogas recreativas. Naquela época, o ecstasy estava na moda nos círculos gays de São Francisco e era considerada uma droga muito difícil de encontrar se você não tivesse os contatos certos. Nem preciso dizer que eu não tinha os contatos certos e que nunca tive o prazer de provar essa droga.

Mas o "E" estava a todo vapor na Inglaterra e deu início às *Raves* – festas enormes, com muita música, onde garotos entupidos de ecstasy dançavam entusiasmados ao som do *techno,* durante todo final de semana, e voltavam para casa sem se lembrar de nada. Disseram-me que as *Raves* definiam o momento da juventude britânica. "É como se você estivesse conversando com a música", disse-me um deles. "Como se estivesse interagindo com ela, como se fosse parte dela."

Oh!

Tentei me convencer de que se tratava de uma diferença cultural. Mas não era isso, era uma diferença de idade. Não consegui entender, não gostei da música. Eu não estava nem um pouco interessada em perder o final de semana – e vamos encarar os fatos, eu era 10 anos mais velha do que qualquer pessoa ali e não conseguia beber mais do que um copo de uísque antes de cair da cadeira. Eu me senti como um peixe fora d'água. E afinal, quem tinha me convidado?

Medo, Ódio e o Culto à Juventude

De onde vem esse medo e ódio pela vida adulta? Afinal, com a faculdade e a pós-graduação, as viagens e os vários anos levando vida de solteira, as garotas nos Estados Unidos aproveitam a adolescência por muito mais tempo que as garotas de outros países. Quando é chegado o momento de passar para esse novo patamar, por que a marcha fúnebre não pára de tocar? Por que nos descabelamos e rangemos os dentes? Ouso dizer que esses sentimentos vieram dos próprios *"baby boomers"* que se recusavam a crescer.

Caso você não tenha percebido, assim como os Estados Unidos, o Brasil é a terra da liberdade e o lar da juventude. Trata-se de uma cultura doente por associarmos nossos maiores valores com o dinheiro e a juventude, embora a ordem natural das coisas pareça determinar que, quando se tem muito de um, tem-se pouco do outro. Mas aqui está, em cada *outdoor* e em cada revista: pessoas lindas e jovens levando uma vida boa com outras pessoas lindas e jovens; pode colocar mais ênfase no *jovem*. Até mesmo as modelos nas propagandas de produtos dentários ou casas de repouso aparentam ter 40 anos. A mensagem que nos é enviada desde o dia em que nascemos é bastante clara: juventude, beleza e dinheiro nos colocam nos patamares mais altos da nossa cultura, muito além da sabedoria, modéstia ou sobriedade. Por que uma menina sonharia em ser presidente um dia se pudesse aspirar ser uma *top model* e ganhar muito mais dinheiro? Nunca tivemos de nos preocupar com a juventude durante 30 anos, e então *bang*! Nem ao menos podemos ir contra a obsessão da sociedade pela juventude, beleza e dinheiro.

Mas o que se poderia esperar de uma nação constituída de imigrantes? Almas jovens, ousadas e aventureiras sempre experimentando o novo e o original. Numa sociedade como essa, o velho representa tudo aquilo que deve ser abandonado, pois não valia a pena manter as tradições do país natal. Desde os primeiros dias desse país, a mentalidade era de fuga do passado, fuga do que ficou para trás para correr em direção àquilo que é novo e excitante.

Depois da Segunda Guerra Mundial, com a popularização dos novos aparelhos (como a TV) que poderia transmitir idéias e normas sociais para públicos cada vez maiores, o conceito de velho continuou a cair. Qualquer coisa antiga – incluindo as pessoas – não poderia fazer parte da moda. Deveríamos ir para o alto e avante em busca do sonho de riqueza! Novas casas! Novos carros! Nova ciência! *Tupperware*! Afinal, quem queria dar ouvidos aos chatos que falavam da era da Depressão? Tudo fluía de maneira tão inocente até que demos de cara com a geração "*baby boomer*" e seu movimento jovem.

Ah, sim, os *baby boomers*, os milhões de pessoas nascidas entre os anos de 1946 e 1964. Foram suas visões e seu amor próprio que logo se infiltraram nos poros da cultura popular. (Deixe-me registrar aqui que, embora nascida em 1964, o que tecnicamente me caracteriza como uma boomer, eu repudio toda e qualquer associação com eles, seus gostos, contracheques e tendência a comprar *Land Rovers*. Eu prefiro morrer de fome junto com vocês, garotas mais jovens, quando finalmente conseguirem cortar o Seguro Social.) De qualquer modo, quando os *boomers* tinham vinte e poucos anos, a idéia "Nunca confie em ninguém com mais de 30" praticamente se tornou um mantra nacional. Esse foi o auge do movimento jovem, acompanhado de toda aquela música, moda e ativismo político. Cada um deles estava certo de que mudaria o mundo, salvaria nosso planeta das garras daqueles quadrados que estavam arruinando tudo até então. Apesar de já estarmos cheios de ouvir dizer que os anos 60 e o começo dos anos 70 foram anos muito emocionantes, isso deve ser verdade. Ó, ser jovem e belo e cheio de ideais para um mundo novo. Claro que não sei muito sobre isso, pois tinha apenas 3 anos durante o Verão do Amor (*Summer of Love*) em São Francisco. Mas com certeza sei o seguinte: deve ter sido muito difícil para os *boomers* deixar sua juventude ir embora e isso ajudou a criar uma sociedade que não tem apenas medo de envelhecer, mas que também toma medidas desesperadas para evitar o envelhecimento o máximo possível.

Seja testemunha das várias maneiras novas e excitantes de permanecer jovem, assumindo que você possa pagar por esse privilégio. Os homens de meia-idade inventaram a moda de trocar a esposa de 50 por duas de 25, e as mulheres de meia-idade reagiram "inventando" o *face-lift*, o silicone nos seios, a plástica no bumbum e a lipoaspiração. Daí se originou a grande onda da vida saudável com os chás exóticos e revigorantes e até mesmo o romancista Deepak Chopra.

Na verdade, permanecer jovem se tornou uma grande fatia de mercado. Nos últimos quinze anos, a cirurgia plástica se tornou o setor de crescimento mais rápido na profissão médica, além de ser o segmento mais lucrativo (embora já tenha ouvido uma amiga da Faculdade de Medicina de Yale confessar que, para preservar o respeito dos colegas, ninguém admitiria uma especialização em cirurgia plástica estética até que fosse extremamente necessário). Enquanto o primeiro dos *hippies* começa a envelhecer realmente, a mídia não pára de mostrar como os protetores solares, os cremes dentais e os novos bumbuns lhe darão uma melhor aparência; e a lista de best sellers traz infinitos livros sobre como se sentir jovem, parecer jovem ou, que diabos, como viver para sempre e se tornar um sucesso imortal. Tendo em mente essas realidades culturais impressionantes, você, que está prestes a completar 30 anos, não deve esperar nenhum apoio das massas. Busque o auxílio dos sábios do envelhecimento e tudo o que você ouvirá é que uma pessoa de 30 anos não é velha, muito obrigada, portanto, pare de ser boba e vaidosa e recomponha-se agora mesmo. Esse sentimento vem da carência de algo substancial escrito sobre o assunto. Os meios de comunicação de massa ficam estranhamente quietos em relação ao trauma de completar 30 anos. Existem vários livros sobre os 40 anos e é impossível comprar óculos bifocais sem dar de cara com um livro ou artigo sobre pessoas que chegam aos 50. Parece que a questão dos últimos anos é como permanecer jovem. E quem somos nós para questionar?

As gerações passadas não tinham esse problema. Por uma série de razões, incluindo questões econômicas, as pessoas de duas ou mais gerações anteriores encaixavam-se na vida adulta assim que possível e não pareciam reclamar muito sobre isso. É verdade, as guerras costumam transformar garotos em homens, assim como as grandes depressões econômicas. Mas até os anos 60, a maioria das pessoas aceitava certos rituais de passagem para a vida adulta com um mínimo de lamento. As pessoas casavam, tinham filhos e compravam casas porque, bem, porque era isso que tinha de ser feito. Os homens conseguiam empregos, as mulheres tinham filhos e todos tentavam se ajeitar da melhor maneira possível.

Medo de Fazer uma Escolha... Qualquer Escolha

Claro que há um motivo importante pelo qual as garotas de outrora ficavam limitadas a serem mães, professoras ou enfermeiras; é que essas eram suas únicas três opções de carreira. E esperava-se que até mesmo as professoras e as enfermeiras abandonassem suas carreira com a chegada do casamento e do primeiro bambino.

Também parece bastante óbvio que esse não seja o caso de hoje. Nós temos escolhas, *baby*. Temos diversas escolhas, não apenas em relação às nossas carreiras, mas também quanto ao nosso estilo de vida: com quem queremos viver, onde queremos morar e o que queremos vestir. É por isso que muitas de nós retardam suas escolhas, ou seja, ficam paralisadas.

Nossa geração se sente sufocada com tantas opções. É muito fácil gastar os 10 anos entre o final da faculdade e o começo dos 30 apenas experimentando os vários estilos de vida disponíveis no cardápio da semana ou sendo demitida de uma série de empregos interessantes que não levam a lugar nenhum. Afinal, fomos avisadas de que poderíamos fazer qualquer coisa que quiséssemos e que, na verdade, deveríamos seguir a nossa estrela aonde quer que ela nos guiasse. (Supostamente o dinheiro viria junto.)

Mas nem sempre foi assim. De fato, para as garotas, só começou a ser assim na geração passada. Para ver como as coisas mudaram nos últimos vinte anos, leia alguns dos livros sobre o envelhecimento e as estruturas sociais. O best seller *Passagens*, escrito por Gail Sheehy, em 1975, contém uma seção sobre a chegada dos 30 anos que é praticamente incompreensível para uma garota de 30 anos de hoje. As mulheres descritas por Sheehy ainda estavam presas num mundo com dois pesos e duas medidas apesar dos esforços do movimento feminista. Seus maridos, que já estavam bastante estabilizados em suas carreiras, começavam a ficar entediados com suas esposas e se perguntavam por que eles não poderiam sair, fazer novos cursos, talvez se tornar um pouco mais dinâmicos e empolgados. Mas coitada da mulher que tentasse fazer a mesma coisa. Seu marido exigia que ela permanecesse como esposa e mãe devotada, sem abandonar sua função principal na tentativa de ampliar seus horizontes através da educação ou do trabalho. Acredito que ambos estavam cientes da hipocrisia reinante, mas não tinham idéia de como solucionar o problema. As mulheres sozinhas e independentes, seja por vontade própria ou pelo divórcio, enfrentavam a discriminação das instituições. Pergunte a sua mãe se ela podia ter seu próprio cartão de crédito nos anos 70, onde o "chefe da família" sempre significou o "homem".

Ainda bem que a maioria dessas mulheres criou suas filhas de maneira diferente. Minha mãe comprou a primeira edição da revista feminina Ms, que trazia a Mulher-Maravilha na capa – e eu, com 7 anos de idade, recortei toda a revista para os projetos da escola. Eu ouvia o disco *Free to Be You and Me*, de Marlo Thomas, e tudo mais que visava conscientizar as jovens de que, apesar de serem mulheres, poderiam chegar à presidência dos Estados Unidos se realmente quisessem. (Certo, até mesmo os países islâmicos repressores como o Paquistão, e as repúblicas conservadoras e extremamente católicas como a Irlanda, têm mostrado progresso nessa área. Mas eu ainda uso meu broche com os dizeres "Hilary para Presidente em 2000".)

Assim, quando chegou minha hora de decidir o que eu queria ser quando crescesse, dei uma olhada no cardápio e fiquei cega com o *flash* de combinações que poderia escolher. Optei pelo caminho mais óbvio: arranjar um emprego, batalhar por uma promoção e ver no que ia dar. Mas muitas garotas por aí não ficaram apenas cegas, ficaram paralisadas.

"Quando terminei a faculdade, senti um peso enorme com a expectativa de que eu deveria *fazer* algo importante na minha vida", disse Keri Burrett, 30. "Mas o quê? Eu poderia fazer qualquer coisa, e, como conseqüência, não fiz nada".

Na verdade, ela fez muitas coisas: trabalhou num sítio em Colorado, lecionou inglês no Japão, viajou por todo o país com seu irmão e passou alguns anos trabalhando como comissária de bordo. No momento, Keri está melhorando suas credenciais como professora. "Estou começando tudo de novo", comenta. "Mas até que eu gosto da idéia de recomeçar". Existem muitas garotas por aí que chegaram à conclusão de que ter escolhas demais nem sempre é uma boa idéia. Nenhuma delas, acredite, quer voltar à época de June Cleaver e Harriet Nelson. (Afinal, quem poderia pagar pelos colares de pérolas que usavam?) Contudo, até as mais decididas já se perguntaram como seria a vida se tivessem apenas cinco ou seis opções em vez de quinhentas. Ou talvez tenhamos o simples desejo de ter um papel mais definido nessa era de feminismo da terceira onda, embora só Deus saiba que diabos é isso. Senhor, eu sei que isso parece heresia, mas esses são os pensamentos que circulam por aí. Por favor não mande as feministas mais exaltadas atrás de mim.

É que para todas as garotas mais focadas, exceto as míopes, essa liberdade ampla e sem-fim é assustadora. Como é possível escolher entre a escola de culinária, o Exército da Paz e um emprego de período integral com um ótimo salário? E, caso alguém consiga escolher, como saberá que é a escolha certa? Principalmente quando você é apenas uma tola de 22 ou 23 anos, imaginando que, se viajar durante um ano, pode arruinar suas expectativas de emprego ou se deveria ir direto para a Faculdade de Direito como todos os outros.

"Tudo estava muito mais planejado para nós na minha geração", diz Ann F. Caron, psicóloga e autora de dois livros sobre a juventude e o envelhecimento. "Sendo mulher, você casava e tinha filhos. Para nós, a idade mais temida eram os 40 anos, porque nesse momento já teríamos criado nossos filhos e estaríamos nos perguntando o que fazer a seguir".

Nós, por outro lado, estamos questionando o que realizar primeiro.

O medo de escolher errado me fez suar frio todas as noites durante os meses que antecederam minha formatura na faculdade. Eu sentia que o emprego perfeito estava esperando por mim, o emprego que me lançaria na estratosfera, onde eu desejava estar com todas as minhas forças. Mas e se eu encontrasse esse emprego quando já fosse tarde demais? E se eu recebesse duas ofertas de trabalho, uma em um pequeno jornal diário, com salário de fome, e outra como relações-públicas, onde ganharia o suficiente para pagar meu empréstimo estudantil? O que eu faria? Como meus planos para dominar o mundo incluíam uma participação como escritora em um grande jornal metropolitano, sempre optei pelo emprego com salário de fome, onde deveria batalhar por uma promoção. Trata-se de outra artimanha do jornalismo para amargurar os jovens trabalhadores, e, na verdade, nunca consegui escrever minha coluna para um grande jornal. Analisando tudo isso hoje, acho que deveria ter pago meu empréstimo estudantil, porque tenho certeza de que agora nunca conseguirei.

Viu como é difícil fazer a escolha certa antes dos 30 anos? Em geral, é mais fácil ignorar todo esse leque de opções o máximo possível. Mas agora essa é sua última chance. Depois da faculdade, quando todos perguntavam sobre seus planos, qualquer resposta graciosa e/ou impetuosa dada, ao mesmo tempo que balançava os cachos dos seus cabelos, era suficiente. Hoje em dia isso não basta. Quando você tem 30 anos e as pessoas perguntam, "O que realmente você faz?" ou você tem algo legítimo para dizer ou é melhor empurrar uma mentira plausível e bem ensaiada. Enquanto isso, tente encarar o fato de que chegou a hora de fazer uma escolha, qualquer escolha.

A Escolha

Para algumas garotas, essa pressão pode ser realmente um alívio. Kelly Garton, 30, passou dos 21 aos 29 estudando e viajando pelo mundo como professora de inglês para alunos estrangeiros. Ela se recorda que esse plano parecia unir o útil ao agradável. "Sempre que alguém me perguntava o que ia fazer agora que estava formada, eu simplesmente dizia, 'Vou viajar' – e isso bastava".

E bastou por um bom tempo. Kelly passou longos períodos na Rússia, Hungria e no Brasil. De vez em quando, voltava aos Estados Unidos para relaxar e curtir a família, depois viajava novamente. Ela voltou definitivamente no começo de 1995, quando tinha 27 anos, ano em que começou a pagar o aluguel da casa com uma série de trabalhos estranhos enquanto tentava decidir exatamente o que queria fazer na vida.

"Nossos 20 anos são uma época interessante, para homens e mulheres", diz Kelly. "Você sai por aí experimentando, vendo suas opções, descobrindo suas habilidades, o que você gosta, o que é possível, dependendo da sua personalidade. Eu tenho um tipo de personalidade que tende a manter as portas abertas". Isso tinha sido suficiente até então, mas, aos 27 anos, ela passou a buscar um pouco mais de estabilidade na vida. Considerou que poderia ser legal ficar em um apartamento mais do que seis meses seguidos. Poderia ser interessante conseguir um emprego com um salário suficiente para o aluguel e o seguro do carro. Para Kelly, a idéia de envelhecer foi um benefício.

"Passei os últimos dois anos esperando por isso", disse Kelly, que completou 30 em 1997. "Sempre imaginei que aos 30 anos tudo tomaria forma. Não que as coisas aconteceriam como em um passe de mágica para que eu me virasse e visse que a vida já estava diferente, mas haveria uma mudança gradual. Sempre soube que haveria um período de muito trabalho, trabalho para definir prioridades ou realmente ir ao 'Trabalho'."

E o que seria "O Trabalho" depois de todas aquelas viagens e os vários subempregos para ganhar alguns dólares? Não seria lecionar, isso ela sabia.

"Faz algum tempo que venho percebendo que não quero mais ensinar", disse Kelly. "E agora, com essa idade, 30 anos, estou a fim de descobrir o que realmente quero". Assim que sentiu uma inclinação em direção ao teatro e à dança, ela percebeu que ainda precisaria ter um emprego durante o dia. Como não tinha aprendido a datilografar ("E sinto que seria um desastre como garçonete"), ela teve de usar sua criatividade. Kelly queria um horário regular, mas não estava interessada em um horário rígido de 40 horas por semana. E nem precisava de pilhas de dinheiro, só o suficiente para pagar o aluguel todos os meses com certo conforto. Também não dispensaria o plano de saúde, as férias e o décimo terceiro salário.

"Já que o emprego que me daria a renda necessária não seria aquele que me traria satisfação, pelo menos tinha de conseguir um emprego que não fosse uma luta sem-fim. As aulas particulares eram tão inconstantes! Às vezes, eu passava semanas sem lecionar. Não tinha plano de saúde nem férias pagas. Estava cansada de manter todas as minhas mil opções disponíveis e viver à beira do abismo o tempo todo". Então, Kelly conseguiu um emprego de meio-período no maior plano de saúde dos Estados Unidos, o Kaiser Permanente, onde aplicava testes neuropsicológicos. Parece bem interessante. "E é", nos garante. Agora ela passa as tardes avaliando pacientes, por meio de uma série de questões, antes da consulta com o médico. O salário paga o aluguel sem problemas e ela ainda tem a chance de conhecer várias pessoas interessantes. Enquanto isso, ainda ensina inglês para imigrantes russos, alguns dias na semana, e segue com seu sonho no teatro e na dança. "Ainda bem que fiz 30 anos. Isso significa que agora tenho objetivos".

Medo de Envelhecer

A velhice para nós tem outro conceito. Ao perguntar para a maioria das mulheres como se sente ao ficar realmente velha, muitas admitirão que se sentem fascinadas. "Quero ser uma velhinha cheia de rugas e histórias fascinantes para contar. Quero ter forças nas minhas mãos com artrite para poder agarrar bem firme de vez em quando", declara Drue Miller, 31, escritora e designer na *World Wide Web*. Que os anjos digam amém.

Envelhecer (ainda) não é uma idéia tão assustadora quanto crescer. Crescer é algo mais imediato, algo em que deveríamos começar a pensar agora mesmo. Mas completar 65 anos está muito distante, o que significa que parece impossível isso acontecer quando você olha do alto dos seus 30 anos. Devo alertá-la para o fato de que aos 20 anos, os 30 pareciam um futuro distante. E veja como esses dez anos passaram rápido. Você já deve estar percebendo que um ano parece ter a mesma duração de um feriado prolongado. Una esses dois fatos e faça a projeção. (Como se você pudesse se imaginar com filhos, que dirá netos.) Sobre envelhecer realmente, acho que uma garota se consideraria sortuda por ter chegado tão longe. Há cem anos, se uma mulher sobrevivesse à infância e ao parto de seus filhos, poderia viver muito bem até os 70 ou 80 anos. E ainda hoje nossa expectativa de vida supera a dos homens em quase dez anos (E se isso não parece interessante, não sei o que pode ser.). Contanto que consigam encontrar a cura para o Mal de Alzheimer antes que eu complete 60 anos, podem providenciar minha dentadura!

Toda garota tem (ou deveria ter) uma avó ou uma tia que possa apontar como seu modelo para a senilidade. Algumas mulheres começam a jogar bingo, mas outras começam a tomar aulas de tango e a fazer cruzeiros pelo Nilo com homens escandalosamente mais jovens. Algumas mulheres expõem seus cabelos brancos e rugas com um orgulho que vem de uma vida bem vivida. Essas mulheres envelhecem com tanta força e graça que começamos a acreditar nas lendas das mulheres velhas e sábias. Elas não se importam com o que dizem as revistas e dão risada de tudo que Hollywood dita em seus filmes. Elas vão acabar com a raça de qualquer homem que venha com comentários do tipo: "Aposto que você foi muito bonita na sua juventude". Enquanto seus companheiros ficam chorando a respeito do que fazer agora que estão aposentados, essas mulheres estão iniciando comitês políticos, organizando o trabalho voluntário e ajudando a criar seus netos. Minha avó, que Deus a abençoe, insistia que ainda tinha 18 anos por dentro, apenas o corpo tinha envelhecido. "Agora me sirva um pouco mais de cerveja, querida..."

Certa vez, Gloria Steinem disse que as mulheres são o único grupo que fica cada vez mais ousado com a idade. Quando vemos sob essa perspectiva, não há motivo para não começar agora mesmo.

Medo de Não Fazer Parte da Geração X

Deixe-me explicar que o termo *Geração X* surgiu, em 1992, com Doug Coupland (que agora está mergulhado nos seus 30 e tantos anos), e nunca, assim espero, teve a intenção de se tornar a ferramenta de marketing que é hoje. Desde então tem sido usado para descrever toda e qualquer pessoa, entre 18 e 29 anos, seja como um empreendedor brilhante e autoconfiante ou como um vagabundo feliz. Onde quer que você esteja nesse espectro de consumo, é preciso admitir que todas essas palavras ao nosso favor são bem legais. É como se sentir popular pelo menos uma vez, e esse é o motivo real pelo qual não queremos perder essa nomenclatura. Assim como os *"baby boomers"* não suportam a idéia de serem tipinhos de meia-idade, nós também não queremos ficar de fora.

Quando chegarmos aos 30, ninguém vai querer saber que tipo de música ouvimos. Ninguém nos pedirá para avaliar um novo tipo de batata frita nem irá falar do tipo de tênis que gostaríamos de usar. E você sabe por quê? Nós sabemos e a galera da geração X também sabe, e *eles* são bastante presunçosos quanto a isso, aqueles idiotas que carregam seus *pagers* na cintura.

"Você pode achar que está por dentro do que os alunos de faculdade estão fazendo", disse-me uma garota que conheço. "Mas não está. E eles a olham como se estivessem dizendo: 'Meu Deus, ela tem 30 anos. Por que ainda anda com a gente?'"

Pense nisso. Você não se lembra dos comentários que fazia sobre os pobres coitados que já tinham 30 anos quando você ainda tinha 22, o que não faz tanto tempo assim? Trinta parecia muito, não é? Você os julgava uns fracassados que ainda andavam com a sua galera – sem pensar que um dia você também estaria nessa situação –, não é?

Claro que você fez isso, mais um motivo pelo qual seus 30 anos parecem uma bofetada na cara. Nós lembramos como éramos babacas. Quando eu comecei a faculdade, disputei com outra mulher as atenções de um homem. Essa mulher fazia faculdade de dança na UCLA e estava em ótima forma. Na verdade, ela tinha um tipo de beleza sensual que me deixou bastante insegura e me fez perceber que perderia para ela, num instante, caso não tivesse uma carta na manga. Ela tinha 30 anos e eu, 18.

"Eu não acredito que você prefira sair com ela", falei maliciosamente ao rapaz, que tinha 23 anos. Naquela época, era inconcebível que um homem me trocasse por uma mulher velha e acabada. O pior é que pensava assim mesmo. Meus 30 anos ainda não tinham nem aparecido no radar e, para mim, essas mulheres já deveriam ter saído do mercado.

Quando volto a pensar nisso com cabeça de hoje, posso imaginar o que ela deve ter achado de mim: um bebê de 18 anos. Lembro-me do brilho negro em seu olhar, do ar de superioridade com que me observava antes de chamar o cara para entrar e se beijarem à vontade. Tenho certeza de que ela e eu poderíamos ter sido ótimas amigas, se o meu preconceito natural da força jovem contra o envelhecimento (e achar que estava interessada naquele cara) não tivesse atrapalhado tudo. De qualquer modo, ela deixou que eu ficasse com ele. Se é verdade que quem ri por último ri melhor, ela morreu de dar risada!

Lição? Deixe as cabritinhas andarem com seu próprio bando enquanto você sorri por saber mais sobre o futuro. Mais cedo ou mais tarde, elas aprenderão com a vida e então todas nós poderemos dar boas risadas.

Medo do Seu Tempo Ter se Esgotado

Odeio ser eu a confirmar isso, mas é verdade que ao completar 30 a sociedade passa a ver uma garota com outros olhos. Se você planejava ser uma das gostosonas que povoam o mundo e sair na capa da revista *Caras*, desculpe-me, mas o estatuto das limitações já foi estabelecido. Não importa o tamanho do decote nem a potência do bumbum, Hollywood nem olhará para você se não perder cinco anos. Aos 30, todas as pessoas com 60 começam a perguntar por que você não casou, por que não tem um namorado, o que há de errado com uma garota tão legal quanto você, será que você é lésbica ou quer conhecer o Chuckie, o único sobrinho solteiro?

É, isso é um saco, mas fazer o quê? Se não gostar, mude-se para um país onde os idosos sejam reverenciados (embora nesses países você provavelmente ficará encalhada para sempre se chegar aos 30 sem produzir filhos). Não há como ganhar. Então, o que você precisa é mudar de atitude.

"A crise dos 30 está na sensação de que o dia chegou, ao passo que, durante seus 20 anos, tudo seria 'algum dia'", diz Eugenie Wheeler, socióloga que escreve uma coluna semanal sobre o envelhecimento.

Mas pergunte-se o seguinte: que diabos você queria fazer antes dos 30 anos que não pode fazer depois? Certo, talvez não possa mais ser uma ninfeta, mas caia na real. Cara Fulton, 31, entrou para o Exército da Paz quando tinha 29, basicamente porque a oportunidade bateu à sua porta. Ela tinha começado uma pós-graduação em educação de adultos e pôde escolher entre terminar o curso com um cargo no Exército da Paz ou escrever uma tese. "A idéia de ir para o Exército da Paz sempre me interessou e a idéia de escrever uma tese nunca", diz. "Consegui meus últimos nove créditos em Honduras". Ela não pensou um só segundo que era velha demais.

"Unir-me ao Exército da Paz com 'aquela idade' foi ótimo", diz. "Eu já tinha experiências suficientes para realizar um bom trabalho e fiquei surpresa por saber tão bem o que queria. Os mais jovens tinham dificuldades com tudo. A experiência como um todo foi um ponto bastante alto na minha vida".

Viu? A menos que você tenha responsabilidades tangíveis como filhos, não há uma regra que diga que não pode cruzar os sete mares ou fazer o que der na sua cabeça. Então, mãos à obra. Você não tem nada a perder a não ser seu limite no cartão de crédito.

Medo de se Transformar em um Personagem do Seriado *Thirtysomething*

Esse seriado é maldoso, mostra como não queríamos que nossas vidas fossem quando, seguras nos nossos 20 e poucos anos, completássemos o maldito três ponto zero. Os personagens pareciam obcecados, confusos sobre o que queriam, egoístas, lamuriosos. Representavam tudo o que temíamos. Lembro-me de um episódio em que Hope, a personagem principal com cara de rato, quase deixou seu marido e filhos para assumir um cargo de jornalista em outra cidade. Eu levava as mãos à cabeça e gritava com a TV (para o embaraço constante do meu namorado): "Se queria tanto, então *por que* saiu do *mercado de trabalho* para ter filhos? *Por que* alguém com alguma *moral* abandonaria os filhos por causa de um *emprego*? *Como* pode ser tão *idiota*?"

Nancy era fria, Michael também era frio e calculista. Shepherd, embora bonitinho, não passava de outro idiota com medo de compromissos. O único personagem que eu gostava era o Elliot, e ele sempre acabava se dando mal. Nem é preciso dizer que eu assistia ao programa todas as semanas, até que saiu do ar.

Medo do Som do Relógio

Quando se trata de temer o envelhecimento nessa geração, o terror de completar 30 anos é uma ameaça bastante assustadora. Há muitos rapazes por aí com expectativas bastante altas para si em termos de carreira antes que atinjam essa idade mágica. Mas somente as mulheres recebem um golpe duplo. Não sentimos apenas a necessidade de ter um carro da General Motors aos 30 anos, mas se espera que já tenhamos três lindos bebês. Caso isso não aconteça, então começamos a ouvir o alto som do relógio biológico mesmo se estivermos na cadeira da presidência, nas mesas corporativas.

"Quando eu era mais jovem, fui uma daquelas mulheres que dizia: 'Nunca vou me casar e *nunca* terei filhos'. E assim consegui enganar a todos", diz a artista Dawn Wallace, 31. "Por volta dos 25 anos, mudei de idéia. Queria muito ter filhos. Todos os meses, quando vinha minha menstruação, eu ficava desapontada".

Não se pode vencer a concepção de filhos. Caso ainda não os tenha, convença-se de que a hora é agora e que todos os anos de egoísmo durante a faculdade, as viagens e a carreira já devem ter deixado você estéril. Quando cheguei a esse ponto, tudo o que podia pensar eram nos brilhantes quadrinhos de humor "*Vida Infernal*", de Matt Groening – e um em especial em que a coelhinha está parada na esquina com uma placa que diz "Já tenho 30 e quero ter filhos". Essa historinha fez meu cérebro ferver quando a li pela primeira vez aos 20 anos. "Nunca serei como aquela coelha", prometi a mim mesma. Mas adivinha o que aconteceu? Transformei-me naquela coelhinha.

"Sempre adorei crianças", diz Emily Schwartz, 31. "E, se alguém tivesse me dito há 10 anos que agora eu ainda não teria meus próprios filhos e um marido amoroso para ajudar na criação, eu teria ficado extremamente deprimida. Acho que sempre imaginei que tudo se encaixaria sem muita preocupação ou confusão, portanto, nunca tentei ativamente entrar em relacionamentos que pudessem resultar na formação de uma família".

Se você fizer a matemática, como eu fiz aos 30, sem filhos nem namorado, isso pode ser bastante deprimente. Você conhece um cara, espera pelo menos dois anos e casa. Espera tempo suficiente antes de levantar a questão dos filhos (por algum motivo, os homens nunca têm a mesma pressa). A menos que tenha sorte e seja muito fértil, espere mais um ano tentando engravidar e, então, nove meses de gestação. O resultado final? Você pode estar com 40 anos antes de ter seu primeiro filho. Isso é deprimente.

Sim, a galinha do vizinho é sempre melhor. Há muitas garotas que fizeram o oposto e constituíram família mais cedo, passando todos seus 20 anos limpando manchas de comida no tapete. A idéia de completar 30 anos também não é nada atraente para elas. "O fato de ter tido filhos cedo não significa que sinto como se já tivesse feito tudo", diz Barbara Boyle, 32, que atualmente freqüenta as aulas noturnas de uma faculdade local. "Quando fiz 30, tudo o que pude pensar é que precisava fazer algo com a minha vida".

Medo de Ficar como Seus Pais

Receio que isso seja outra pegadinha da vida. Na adolescência, juramos nos matar caso um dia estivéssemos no lugar dos nossos pais. Desde os 21, até os 29, ficávamos espantadas quando alguém dizia que tínhamos a mesma sorte que o papai para encontrar a única vaga no estacionamento do supermercado. Mas, quando estamos chegando aos 30, sinto lhe dizer, a maioria de nós não passa de uma miniatura dos pais.

Talvez tenha sido aquele momento que você vê sua imagem refletida em uma vitrine e por um segundo pensa: "Mãe?", mas depois percebe que não poderia ser sua mãe porque ela nem conhece essa loja de sapatos... Então, você

> **Dez Coisas Que Deveria Ter Feito aos 30 Anos**
>
> 1. Amado e tido um orgasmo autêntico (agora você já deveria saber a diferença)
>
> 2. Escrito pelo menos uma carta de agradecimento por vontade própria (não forçada pela sua mãe)
>
> 3. Comprado pelo menos um artigo no catálogo da Sex Shop
>
> 4. Terminado a faculdade (ou pelo menos decidido terminar a faculdade)
>
> 5. Ter sido demitida
>
> 6. Ter sido chutada, abandonada
>
> 7. Ter superado esse trauma
>
> 8. Aceitado seu cabelo como ele é
>
> 9. Ser capaz de abrir um pote de maionese, trocar uma lâmpada, trocar um pneu furado e matar uma barata – sozinha
>
> 10. Ser capaz de comprar e preparar pelo menos um prato quente que não fosse macarrão

fica paralisada. Era *você*, querida. Não a sua mãe. Não adianta tentar dizer a si mesma que era por causa da calça de moletom que você estava usando enquanto lavava suas roupas, ou por causa do cabelo que estava horrível naquele dia, ou a luz do sol que não favoreceu seus traços. Você se parece cada vez mais com a sua mãe, não é?

Talvez você não se pareça tanto com a sua mãe, mas está falando como ela e não sei o que é pior. "Este lugar parece um chiqueiro!", reclama com seu marido, e então tapa a boca com as mãos quando se dá conta que ouvia isso da sua mãe sempre que ela entrava no quarto. "Desculpe-me, querido!",– você contrai todos os músculos. Aí está, ficar como seus pais é um aspecto inegociável do envelhecimento. Desculpe-me, não há nada que se possa fazer.

Mas não precisa ser um destino tão dramático. É possível planejar de maneira construtiva o caminho que leva você a ser uma réplica exata dos seus pais. Fique longe daqueles moletons das Lojas Pernambucanas que sua mãe parece adorar, por exemplo. Não importa que estejam em promoção, fique longe deles! Diga a si mesma que, quando tiver a idade dela, pesará 15 quilos a menos e não terá mais do que um cachorro em casa ao mesmo tempo. Comece a trabalhar nessas áreas problemáticas agora mesmo, antes que os problemas fiquem aparentes.

Medo de Não Ficar como Seus Pais

Para aquelas que estão acostumadas à proteção do lar conservador, há o medo muito racional de *não* ser capaz de ficar como os pais. Pense nisso. Você já tem quase 30 e, na sua idade, seus pais tinham uma hipoteca para pagar, três ou mais filhos, dois carros do ano (um dos quais precisava ser bem grande), um jardim e possivelmente um título de clube de campo. Certamente, sua mãe não reclamava por ter 30 anos e estar ocupada demais com a Associação de Pais e Mestres ou uma reunião só de mães para discutir se deve ou não bater nos filhos. Seu pai provavelmente tinha um emprego que pagava tudo isso. Ele não se preocupava com a redução do quadro de funcionários nem com as dispensas ou, mais diretamente, ser demitido. Ele conseguia levar a família inteira em uma viagem de férias todos os anos.

Você, amiga, provavelmente não terá nada disso. A menos que seja uma produtora de filmes com um alto salário de cinco dígitos (e até isso não é suficiente em algumas regiões do país), a probabilidade de ter o mesmo estilo de vida de classe média que seus pais levaram é bastante baixa. Não quando todo o aspecto social da época em que você era pequena foi destruído e transformado numa experiência com hamster. Nem interessa se você quer esse estilo de vida ou não. Para algumas garotas, é uma questão de princípio.

Medo de Tudo = Fuga!

Lute ou fuja. Em casos de medo extremo, como ao completar 30 anos, eu sempre recomendaria a fuga. Uma fuga para uma ilha deserta com uma grande quantia em dinheiro é uma boa opção. Mas e eu? Bem, eu fui para Israel (esperando conhecer alguns pilotos de guerra israelenses, jovens e bonitos). Um mês depois do meu 30º aniversário, inscrevi-me num trabalho voluntário de três meses num kibutz em Israel, começando no ano-novo.

"Um kibutz?", indagou uma amiga, entre mordidas no seu sanduíche do Franz Café. "O que você tem na cabeça? Eu fiz isso na faculdade. Você será a pessoa mais velha, com 10 anos de vantagem".

Não era exatamente isso que eu queria ouvir. "Mas está escrito no panfleto que a idade é de 18 a 35 anos", garanti. "E eu só quero sumir um pouco para clarear minha mente".

Minha amiga retrucou. "Besteira! Por que alguém com mais de 25 anos iria para um kibutz? Você não terá nada a ver com ninguém ali. E quanto à sua carreira?"

Não pude encarar minha amiga e admitir que o brilho da minha carreira tinha se apagado. Mas ela tinha razão quanto à idade, todos com quem tinha conversado sobre ir para um kibutz fizeram isso na faculdade ou, em alguns casos, no colegial. Poderia acabar me sentindo ainda mais velha do que realmente era se tivesse de passar o tempo todo ouvindo um bando de crianças chorando por causa dos trabalhos da faculdade.

Mesmo assim, a idéia de um kibutz tinha um apelo histórico, apesar do que a realidade pudesse representar. Primeiro motivo, eu gostava da idéia de realizar trabalhos manuais que não envolvessem raciocínio, assim eu poderia limpar a mente enquanto fazia algo produtivo. Eu tinha uma queda por trabalhos manuais; muitas vezes durante minha vida profissional sonhei com isso. Durante os períodos de grande pressão, eu namorava a idéia de ir para o comércio, fazer trabalhos diários de assentamento de tijolos ou colocação de pisos ou trabalhar sozinha. Eu poderia desenvolver uma habilidade lucrativa que não envolvesse minha cabeça, apenas minhas mãos e talento suficiente para que as pessoas me pagassem por isso. Nos dias em que ficava desesperada por causa de um prazo que se aproximava e uma tela de computador que permanecia em branco, eu imaginava como seria bom ter o tipo de emprego em que não tivesse de extrair informações das pessoas que não queriam falar, onde pudesse realizar meu trabalho com competência mesmo quando estivesse sofrendo de TPM. Minha vida como jornalista tinha altos e baixos dependendo das minhas matérias – durantes algumas semanas, sentia-me estimulada no final de cada dia, graças a uma história interessante ou elogios do editor. Em outros dias, tinha de dar uma volta no quarteirão para me convencer de que não era uma boa idéia deixar a cidade, o estado ou o país, ou simplesmente para enxugar as lágrimas que rolavam depois de entregar um trabalho medíocre para um editor hostil que, provavelmente, já imaginava que eu era incompetente e agora tinha provas disso. Sim, eu acreditava que o trabalho manual teria sido uma melhor escolha profissional. E pense quanto eu economizaria com empréstimos estudantis!

Apesar do temor da maioria dos meus amigos, fui parar no escritório do Kibutz Aliya, lugar onde se inscreviam todos aqueles que quisessem ser voluntários num kibutz ou fazer Aliya, ou seja, imigrar para Israel. A descoberta desse lugar se deve aos meus 10 anos de jornalismo. (Pelo menos tinha isso para exibir no meu currículo.) Não era de surpreender que, nessa era de marketing, escolher um kibutz fosse como decidir por um pacote de viagens. Qual programa eu queria? Voluntariado de um ano? Três meses com aulas de hebraico? Um componente arqueológico? Escolhi o programa de três meses com aulas de hebraico, chamado *Ulpan*, principalmente porque pensei que três meses seriam um bom começo e serviriam como base para outras considerações futuras. E por que não aprender um pouco de hebraico enquanto estivesse lá? Isso manteria minha mente afiada depois de um dia inteiro colhendo laranjas. A próxima temporada começava em janeiro, faltando apenas três meses. Enquanto eu preenchia o cheque ainda em choque, o coordenador me deu uma lista daquilo que eu precisava fazer antes de ir para o kibutz: exame médico, exame de AIDS, proteger minhas juntas para o trabalho braçal. E agora eu tinha uma data para esperar ansiosamente. No dia 22 de janeiro de 1995, minha vida em Manhattan ficou para trás e eu me vi sentada num caixote numa fazenda coletiva, tirando cocô de galinha de cima dos ovos com uma escova de dentes, antes do amanhecer!

Antes que tivesse tempo de perguntar se podia pegar o cheque de volta, o coordenador do kibutz me deu a mão, disse para que tomasse cuidado com os homens israelenses e levou-me para assistir a um vídeo sobre a vida em um kibutz. A estrela do filme era uma garota inglesa de 18 anos. Ela conheceu um cara, bebeu muita cerveja e isso parecia uma vida bastante legal.

2 NEGAÇÃO

(Não Há um Motivo Real para Ler este Capítulo)

Eu nunca sei o que é verdade em tudo o que digo.

Bette Midler

Eu jurei a mim mesma que não seria como aquelas mulheres amargas que mentem sobre a idade. Quando trabalhava como repórter em um jornal local (quando ainda era jovem o suficiente para realmente *querer* ser repórter em um jornal local), lembro-me dos acessos de raiva que tinha sempre que uma mulher mais velha se recusava a dizer sua idade verdadeira. Isso fazia parte do pacote básico das perguntas (Quem? O quê? Por quê? Onde? e Como?) que eu tinha de fazer a todos que entrevistava – isso incluía a idade. Mas por razões que eu não podia compreender aos 24 anos, certas mulheres sempre se negavam a fornecer suas idades e isso me deixava louca. "Querida", resmungava em voz baixa, "*eu sei que você não tem mais 29, tá?* Deixe de besteira e diga logo quantos anos você tem". Mas o desejo de manter o meu emprego evitava que eu realmente jogasse isso na cara de certas velhotas. Então, resolvi que – com um voto solene – sempre diria minha idade com orgulho e vigor. Nunca me tornaria uma "mulher com uma certa idade" nem me recusaria a contar a um homem minha data de nascimento. Claro que tive de me lembrar de que minha própria avó, uma mulher de estilo e força, que imigrou para este país aos 20 e poucos anos, vinda da Irlanda (e então trabalhou muito para trazer seus pais e seus 12 irmãos), mentiu sobre sua idade, durante décadas, com tanta habilidade que ninguém nunca desconfiou. Alterando um documento aqui, transformando o número 1 em 9 ali, minha avó ficou oito anos mais jovem e assim seguiu até que minha mãe, ao vasculhar os documentos da vovó depois de sua morte, encontrou um documento que a incriminava. Mulher esperta. Será que o vovô sabia disso?

Agora que estou oficialmente com 30 e poucos anos, posso dizer com exatidão que não sou como aquelas mulheres que não admitem a idade que têm. Sempre respondo quando questionada diretamente, quando estou de bom humor, bem alimentada e com bastante cafeína, supondo que não esteja com um grupo de garotas. Caso contrário, forneço essa informação de maneira seletiva. Ultimamente, quando perguntam minha idade, inverto a pergunta com destreza: "Por quê? Quantos anos você acha que eu tenho?" E, se a resposta está correta, isto é, se pareço ter 20 e poucos, então não revido o comentário com uma pergunta sobre como uma pessoa como ela tinha coragem de fazer permanente no cabelo.

Por Que Negar?

E por que não? Se as pessoas insistem em fazer cara de surpresa sempre que você pronuncia sua idade real, por que não evitar que façam parte da nação Prozac? Se a percepção da sociedade muda drasticamente entre seus 27 e 30 anos, sem um motivo lógico, por que não se recusar a admitir sua idade para aqueles que poderão usá-la contra você? Tenha em mente que não são apenas as socialites cheias de plástica que retiram alguns anos da identidade quando lhes convém. Todas nós crescemos inundadas pela mensagem de que é melhor ser jovem e tola do que velha e sábia. Afinal, assim é este país. Portanto, se você se pegar mentindo sobre sua idade daqui a alguns anos, não se culpe. A sociedade é que é a culpada.

Dessa forma, a própria sociedade poderia fazer uma plástica na cara. O que aconteceria se cada mulher dissesse sua idade verdadeira tão efetivamente que o inquisidor tivesse de aceitá-la sem qualquer reação para não passar por alguém fútil que dá importância à idade? Esse estigma da idade perderia seu peso, não perderia? Acredito que sim. Nenhuma garota teria vergonha da própria idade, já que todos nós sabemos que os anos tornam uma mulher mais forte e, se ficássemos de saco bastante cheio, poderíamos mudar a idéia de que completar 30 anos é algo terrível, algo a ser temido. Certo? Claro!

Claro que desse jeito eu não teria nada para escrever.

Mas isso não importa.

Patético, mas Necessário, e às Vezes Vale a Pena

Deixe-me ser a primeira garota a levantar e proclamar que fingir a idade por causa de alguma crença errada da sociedade beira o patético incurável. Mas, como vimos, mesmo eu, em momentos de fraqueza, me peguei num combate mental para decidir entre ser forte e admitir a verdade ou mentir um pouquinho e tornar tudo mais legal.

Durante toda a minha viagem, por exemplo, mantive discrição sobre a minha idade, a menos que alguém fizesse questão de perguntar. O que acontecia com mais freqüência eram as verificações de passaporte quando todos, bêbados ou entediados, vasculhavam os documentos dos outros, observando para onde já tinham viajado e que cara tinham em roupas civis. Nesses momentos, o comentário era inevitável: "Espera aí... você tem 30??!!" Sim, suspirava. Tenho 30. Geralmente, ouvia os velhos (e bem-vindos) comentários que eu aparentava 23 anos e que ninguém imaginaria que tinha 30, e então sentia uma mudança, pois todos meus colegas de 20 e poucos passavam a se dirigir a mim de maneira um pouco mais formal. Logo podia imaginá-los me olhando com um misto de espanto e pena: "É fantástico que alguém com a idade dela esteja por aí viajando sozinha... mas por que ainda não tem uma vida em casa? Ah, já sei! Por não ter marido nem filhos, ela precisa preencher a vida com algo, pobrezinha..."

Boa parte do meu 30º ano foi gasto com negação, negação descarada, mas que nunca envolveu nenhuma mentira quanto à minha idade, só uma simples atuação como se não estivesse nem perto dessa idade. Foi fácil fazer isso porque, afinal de contas, eu estava num kibutz em Israel que, como qualquer voluntário pode confirmar, não passa de um acampamento de verão para adultos. Sem nenhuma responsabilidade, além de cumprir meu turno na fábrica (o que realmente exigia muito, já que começava às 5 horas), minha criança interna corria solta. Sem aluguel, sem contas, sem objetivos na carreira, a não ser escapar do trabalho no maldito galinheiro, eu estava livre para ser tão infantil quanto quisesse. Eu dançava a esmo, às vezes ao som da Euro-MTV que passava na sala de TV, às vezes sem música mesmo. Aprimorei minha ginástica olímpica e minhas habilidades de malabarista. Usava rabo-de-cavalo no cabelo e deixei de lado a maquiagem, o desodorante e as jóias. Engajei-me em projetos tolos de artesanato (nós resolvemos pintar uma bandeira americana e enfeitar o trator dos voluntários para um festival que estava chegando). Depois da minha terceira semana lá, decidi que tinha de me integrar com os beberrões da Inglaterra, Nova Zelândia e África do Sul se estivesse a fim de expressar minha juventude e capacidade de superar limites. Nunca tinha participado de mais do que um ou dois "vira-vira" na faculdade e não me lembrava de como o jogo acabou. Mas ninguém precisava ficar sabendo de nada. Então, me uni a eles e descobri, para minha satisfação, que a capacidade que eu tinha de absorver vodka barata misturada com Tang havia aumentado muito com o passar dos anos. E, apesar de não conseguir beber como, digamos, o jogador de futebol do time de Birmingham, podia me sair muito bem com algum fracote do kibutz. Seja como for, em uma dessas festas, seduzi meu futuro marido, que foi decente o suficiente para me levar de volta ao meu bangalô em um carrinho de correio e nunca suspeitar que as garotas americanas podiam mostrar sua gratidão de maneiras tão criativas. Até hoje, o gentil cavalheiro se recusa a usar isso contra mim.

Moral da história: recusar-se a agir conforme a sua idade ajuda a manter sua pele macia e sedosa. Isso também pode levá-la a um romance promissor ou, pelo menos, manter sua vida sexual interessante e agradável. A negação total pode, na verdade, ser a fonte da sua juventude.

Mentirosos Famosos

Conheci algumas atrizes em subempregos em Nova York que pagavam sua parte do aluguel revisando os fatos impressos numa série de revistas da cidade. Seria um ótimo negócio se eu conseguisse essa função. É possível ganhar até 20 dólares por hora apenas vasculhando as referências dos livros para encontrar fatos provavelmente inventados pelos autores de tais artigos. Essas mesmas garotas me disseram com todas as letras que, nessa área, retirar cinco anos da idade era a única saída, assim como era imprescindível cobrir os cabelos brancos e eliminar a gordura das coxas. Lembro-me de ter ficado surpresa quando soube que uma mulher, que sempre acreditei ter a minha idade, era, na verdade, 10 anos mais velha e, portanto, beirava os 40. "Meu Deus, você tem um corpinho de 22!" Gaguejei de inveja já que eu, 10 anos mais jovem, não tinha o corpinho de uma garota de 22. "Qual é o seu segredo? Dieta? Genes?" Ela deu um sorriso sexy e jogou os cabelos cor de mel. "Negação", respondeu. "Negação convincente e de todo coração. Parei de contar a idade há anos".

Acredito que, se realmente existe a gravidez psicológica, assim como a cegueira psicológica, é possível que alguém convença o corpo de que o tempo parou aos 24 anos. Entretanto, suponho que seja necessária uma verdadeira doença mental para atingir isso. Caso contrário, você acaba como a maioria das mulheres – um dia na frente do espelho com a certeza de que já foi o tempo em que podia usar miniblusas que mostram a barriga.

A não ser que você seja uma estrela de Hollywood, claro. Daí você pode ficar com 20 e poucos anos para sempre. Tradicionalmente, você passa a mentir sobre sua idade desde o primeiro comercial para TV e, assim que os 30 se aproximam, imediatamente passa a completar 26 todos os anos durante os próximos cinco. Quero dizer, todos nós sabemos que a Heather Locklear não tem mais 29. Mas quantos anos ela tem na verdade?

Agora, existe uma tendência, caso seja uma estrela de sucesso de Hollywood: você deve erguer a voz e nunca mentir sobre a sua idade (assumindo que não há provas de que esteve mentindo durante anos). Isso pode dar uma boa capa de revista. Julia Roberts foi capa de várias revistas quando fez 30 anos e todos os artigos estavam recheados de afirmações sobre a força da mulher mais velha. (Se ao menos todas nós pudéssemos parar a imprensa ao completar 30 anos. Se ao menos Isaac Mizrahi fizesse a doação de um vestido para a ocasião.) De fato, sempre que uma estrela admite ter atingido a terceira década, os entrevistadores caem uns sobre os outros para fazer elogios por sua bravura e honestidade. Como se uma mulher de 30 anos estivesse correndo perigo de nunca conseguir outro bom papel feminino devido à sua idade avançada. Mas, pensando nisso, Hollywood nunca teve a inclinação para criar bons papéis femininos.

Diabos, afinal de contas, Hollywood é o principal culpado dessa neurose. O filme *Logan's Run* (ou *Fuga do Século 23*, em português), uma ficção científica onde as pessoas levavam uma vida utópica, mas eram levadas à morte no 30º aniversário, foi sabiamente lançado em algum momento da década de 70, época em que éramos mais impressionáveis. Quando se tem 10 anos, não se vê o que há de tão errado em condenar à morte todos com 30 anos.

Mas ainda pensamos assim. Recentemente, fui forçada a me comparar com a Agente Dana Sculley, do *Arquivo-X*, porque fiquei sabendo, durante um episódio dramático com registros de nascimentos clandestinos, que ela tinha nascido em 1964. Opa! O mesmo ano que eu! Isso era terrível! Uma profissional de sucesso e de muita beleza comparada a... mim. Durante o resto da temporada não pude evitar de encarar seu batom e me perguntar: "Por que meus lábios não têm esse brilho?" – e repreender-me por não ter um diploma avançado de medicina nem ser uma agente do FBI. Também tive de me perguntar como uma garota normal de 33 anos já teria feito sexo com Fox Mulder com essa idade. Isso não era justo!

Nova Juventude

Eu nunca farei uma plástica facial porque nunca tive o privilégio de ganhar dinheiro exclusivamente por causa da minha aparência. Sempre conquistei meus homens com uma mistura tóxica de agressividade, ambição e descaramento (além do mais, beijo muito bem!). Mas, pobre de mim, meu rosto nunca foi e nunca será capaz de causar furor. Para piorar as coisas, tenho um verdadeiro pavor de agulhas e outras armas cirúrgicas, como o bisturi. Portanto, tenho certeza de que quando minha papada cair, ficará assim para sempre.

Então, você achará estranho quando me ouvir admitir o que fiz no final dos meus 20 anos: fiquei fissurada por *piercings*. Como pude agüentar um pedaço de metal sendo enfiado na pele da minha sobrancelha por um cara com jaqueta de couro e um osso atravessado no nariz? Difícil de entender, mesmo porque desmaio só de ouvir falar em exame de sangue. Mas é verdade, coloquei um *piercing* na minha sobrancelha quando fiz 28 anos. Isso foi muito tempo depois dos *punks* começarem a furar o corpo, mas muito antes das adolescentes de

Nova Jersey furarem as sobrancelhas e umbigos, portanto, eu estava me sentindo o máximo. Foi no ano que me mudei para Nova York e, se fosse possível confiar nas estatísticas de fumantes, me tornei uma das raras pessoas que viam o cigarro como hábito de um adulto informado e educado. Foi também nesse ano que comecei a usar meu cabelo cada vez mais curto, além de pintá-lo com cores berrantes. Minha mãe, em uma das minhas visitas nada freqüentes à sua casa, me olhou com estranheza. "Por que ficou rebelde agora", ela queria saber, "em vez de aos 14 anos quando todos protestavam?" Nesse momento, dei um sorriso amarelo e não disse nada, provando que estava realmente vivendo uma segunda adolescência.

Entretanto, vendo tudo isso agora, fica claro que era uma viagem minha. O conceito de fazer 30 anos estava chegando rapidamente à realidade e eu não queria ajudar em nada. (Como se o *piercing* e a nicotina pudessem servir de escudo.) E é lógico que, depois de me mudar para o escritório da revista *Business Week*, em Nova York, os *piercings* tiveram de ser abandonados. Mas, antes de partirem, esses adornos me ajudaram a enfrentar os travestis em frente de, pelo menos, uma danceteria da moda, o que significava que eu tinha conseguido provar para mim mesma que não precisava ter aparência, sentimentos nem atitudes condizentes com a minha idade.

Esse tipo de comportamento pode atingir uma garota, a qualquer momento, depois dos 25 anos. Procure na lista telefônica um bom estabelecimento para colocar alguns *piercings*.

A Grande Fachada

Existe algo que pode ser chamado de negação institucional – quando a área em que você está exige a juventude eterna ou, no lugar dessa, a aparência eterna de juventude. Veja o ballet, por exemplo. Veja a Sherri Parks.

Sherri Parks teve um péssimo aniversário de 30 anos. Ela ficou sozinha em seu apartamento, recém-liberada do hospital onde esteve, devido a contusões relacionadas com a dança, a quilômetros de distância de sua família, incapaz de compartilhar seu aniversário, que dirá sua idade, com qualquer companheiro de dança do Indianapolis Ballet Theater. Para ela, completar 30 anos não foi apenas uma questão de perguntar o que fazer a seguir, foi uma questão de ver o fim da vida chegando – quero dizer, sua vida profissional.

"Todos os bailarinos são como Mozart", disse Parks. "Morremos aos 37. Os 30 para os bailarinos são como os 40 para os homens, um ano muito importante. E, para os profissionais da dança, é como se estivessem esperando a morte. Restam apenas poucos anos para conquistar tudo o que sempre se quis como bailarino".

Para competir no mundo do ballet profissional, é preciso uma combinação improvável de talento, força, motivação, obsessão e o corpo exato que a companhia deseja para uma determinada temporada. É melhor que você também tenha começado aos 8 anos. Muitas bailarinas de talento geralmente ingressam em grandes companhias, como aprendizes, aos 15 anos, em parte devido às tremendas exigências físicas. Aos 25, considera-se que uma bailarina esteja no meio de sua carreira – isto é, seu corpo ainda não está machucado demais para prosseguir. Depois dos 30, somente o talento raro tem permissão para seguir dançando. Aos 35, somente as estrelas da grandeza de Rudolf Nureyev ou Margot Fonteyn são aceitas por seus empregadores.

Assim, na noite em que Sherri Parks fez 30 anos, ela presenciava o fim de sua carreira. No começo daquele ano, tinha caído um assento suspenso em cima de seu cotovelo esquerdo, deslocando a junta próxima ao ombro e quebrando o braço. Ela mal saiu do gesso quando, ensaiando para uma produção do *Quebra-Nozes*, levou um tapa no olho durante uma passagem na cena dos Flocos de Neve. Naturalmente, como toda boa bailarina deve proceder, ela seguiu dançando, apesar da imensa dor, e acabou com um rompimento de córnea. Sete dias no hospital, com um tratamento intenso à base de antibióticos, não puderam evitar que perdesse 50% da visão do olho direito. Sua cabeça parecia que ia explodir sempre que tentava fixar o olhar para realizar uma *pirouette* ou manter-se em equilíbrio usando somente um olho, já que a falta de percepção de profundidade dava-lhe enjôo.

"Eu estava um lixo", diz ela. "Não me sentia tão velha desde meus 28 anos, quando estava tão cansada e estafada que parecia uma velha de 60 anos ao sair da cama".

É natural que mentisse sobre sua idade, já que todos faziam isso. Tratava-se de uma exigência do ballet. "Todos mentiam na companhia", disse Parks. "Minha melhor amiga e eu não tínhamos segredos, exceto nossas idades".

Ninguém queria contratar uma bailarina "velha", que dirá uma bailarina machucada. Falar sobre seus temores com qualquer pessoa na companhia era suicídio, já que isso seria a munição necessária para apagá-la e substituí-la por outra dançarina mais jovem e menos aleijada.

Parks lembrou-se do começo da carreira, tremendo na base enquanto o diretor e a professora do New York City Ballet a examinavam. Eles realmente gostavam de sua técnica, bem como de seu tipo físico e estilo, mas não sabiam se poderiam oferecer uma colocação nessa temporada porque, afinal, ela era muito velha. "Fiquei acabada", diz ela. "Eu só tinha 19 anos".

Em primeiro lugar, ela nunca deveria ter admitido a idade. "Descobri que envelhecer era a pior coisa que poderia acontecer, exceto pelo maior tabu de todos – engordar". Ela só foi aprovada porque é muito, muito magra – 43 quilos com um metro e meio de altura. "Naquela temporada, estavam procurando garotas bastante magras". ("Darcy Kistler e eu tínhamos o mesmo peso", disse, lembrando do orgulho que sentiu naquele momento. "Sei disso porque fomos pesadas na frente de todos".)

Depois do treinamento, tinha aprendido muitas coisas. Quando participou da audição para o Indianapolis Ballet Theater, na primavera de 1984, ela retirou cinco anos do seu documento e foi escolhida como solista.

"O engraçado do ballet", diz Parks, "é fazer com que o público pense que é fácil representar. Essa é a pior parte. O estresse, o trabalho árduo, a preocupação e a fome faz com que as garotas com 20 e poucos aparentem 15 anos de idade. Mas isso não importa, o que importa é a aparência da bailarina no palco – que se dane a saúde física, emocional e mental".

No 30º aniversário, toda a tensão, física, emocional e mental, proveniente do trabalho caiu sobre seus ombros. "Eu tentei evitar a autopiedade naquela manhã", disse, "mas lá estava eu, 30 anos, com a certeza de que minha carreira já estava chegando ao fim, e sem dinheiro, sem qualquer outro conhecimento. Mal concluí o colegial!" Tudo o que Parks tinha feito até o momento era andar nas pontas dos pés e a simples idéia de fazer outra coisa nunca tinha passado pela sua cabeça. "Até aqui, vivi enganando o diabo para conseguir passar por uma mulher mais jovem". Mas agora, aos 30, estava longe de casa, sem familiares nem amigos e longe de admitir a idade verdadeira sem perder o contrato do ano seguinte. "Estava em plena crise de meia-idade aos 30!"

Seu desespero ficou ainda maior quando começou a considerar como faria para ganhar a vida fora da dança. Como pagaria por todos os tratamentos médicos que precisava? Se fosse para a faculdade aprender uma profissão, como pagaria os estudos? Onde moraria? Todas as opções óbvias para todos os seus anos de treinamento e trabalho árduo – ser coreógrafa ou professora – estavam tão repletas de profissionais quanto os teatros e também pagavam muito mal.

"De repente, entendi as viúvas que, depois de ficarem jogadas sem nenhuma cerimônia, caem de pára-quedas no mundo 'real' após trabalhar até a exaustão, durante anos e anos, sem ter estudos e habilidades valorizadas pela sociedade. Como o rosto e o corpo são os únicos valores para a sociedade, depois que sua beleza vai embora, não sobra muito para compensar".

Ela foi salva pela chegada de um pacote – presente de Natal – enviado pela mamãe. Era um vestido lindo: verde com detalhes em dourado, ombros drapeados e uma echarpe, além de lindos brincos dourados junto com um telegrama: "Parabéns pelos seus 30 anos. Muito amor da sua mãe de 50 e tantos".

A boa e velha mamãe! Isso já estava tornando sua noite muito mais tolerável, menos solitária. Ao pendurar o vestido num cabide acolchoado, o telefone tocou. Como ninguém em Indianápolis conhecia seu segredo e todas as outras chamadas tinham sido de telemarketing, ela ficou chocada quando ouviu a voz de um antigo namorado.

"Feliz 30º aniversário, querida", disse ele, com um pouco de estática na linha por estar ligando de Blue Ridge Mountains, na Carolina do Norte. Eles conversaram por horas, falando sobre as novidades desde a época em que viveram juntos em San Francisco. Tinham se separado por causa da carreira – dela. Os pais dele, que já eram idosos, precisaram de sua ajuda em outro estado e Parks tinha acabado de conseguir um papel de solista no San Francisco Opera Ballet – algo que ela não estava preparada para abrir mão. "Mas nós apenas soltamos o nós, nunca cortamos", diz Parks. "Mantivemos contato enquanto eu viajava como artista convidada por outras companhias".

"Enquanto conversávamos, percebi que havia um mundo inteiramente novo lá fora – ainda tinha, teoricamente, mais da metade da minha vida para aproveitar. E percebi que o resultado da nossa cultura jovem foi nunca ter me sentido genuinamente 'jovem'. Eu sempre estava correndo contra o relógio, sempre velha demais. Que perda de tempo! Eu só tinha 30 anos. Isso poderia ser o melhor de tudo – idade suficiente para entender melhor, juventude suficiente para fazer de qualquer jeito, idade para perceber que não sabia porcaria nenhuma e a esperança que o jovem tem de aprender".

Seu humor melhorou consideravelmente, ela experimentou o vestido novo e tirou uma foto com sua Polaroide num ângulo oblíquo em relação ao espelho para enviar sua mãe com uma carta de agradecimento. A seguir, fez planos de ir para a Carolina do Norte por três semanas – depois da temporada do *Quebra-Nozes*. Depois disso, dirigiu-se à loja de conveniência, comprou uma garrafa barata de champagne e um bolo de chocolate e ligou para uma garota da companhia que considerava como uma amiga.

"Jane", disse, "quero que você venha até aqui. É meu aniversário... Fiz 30 anos". Sherri trancou os dentes quando pronunciou esse número. Jane tinha 24. Com certeza, a verdade estaria rolando solta na próxima aula. Mas, em vez disso, a voz do outro lado da linha apenas riu.

"Já estou indo, irmãzinha", disse Jane. E, como se estivesse vendo as sobrancelhas erguidas de Sherri, acrescentou: "Eu tenho 31. Você vai ver".

Sentada em um café perto do bairro de Castro, em São Francisco, Sherri Parks, 41, ainda pode passar facilmente por uma mulher 10 anos mais jovem. De costas, passaria por uma criança de 10 anos de idade. Ela é minúscula e, certamente, pesa menos de 50 quilos. Tem aquela qualidade dos duendes que toda bailarina profissional nunca perde. Ri toda vez que pensa na noite do seu 30º aniversário. "Não acredito que estava tão preocupada com isso", diz ela, "Eu era tão jovem, mas me sentia tão velha!"

Sherri está novamente numa encruzilhada. Mas dessa vez o problema não era a idade, mas como sobreviver. Depois de deixar o *Indianapolis Ballet Theater*, ela retornou a São Francisco e começou a dançar em uma pequena companhia local com idéias progressistas o suficiente para considerar sua idade "avançada" uma vantagem em vez de um defeito. "A companhia San Francisco Opera Ballet não me deu ouvidos", acharam-me muito velha para ser bailarina. Aos 35, começou a assumir trabalhos que não envolviam a dança: zeladora de prédios, trabalhos temporários, qualquer coisa que pagasse o aluguel. O tempo e a vontade de seguir com a dança desapareceram lentamente. Em um determinado momento, percebeu que tinha simplesmente parado de ir às aulas. "Parei de dançar quase completamente por cerca de três anos. Mas, ultimamente, percebi que para ser feliz precisava de aulas de dança – mas não como antigamente. Posso ter uma vida completa e dançar". No começo desse ano, ela voltou às aulas, mas as dores impediam que fizesse as aulas profissionais, e também poderia ser arriscado se expor aos seus colegas, que logo veriam que ela havia perdido sua técnica. "Mas depois percebi que isso era estúpido. Não me importo mais com o que os outros possam dizer sobre minha técnica".

Sherri já está distante dos dias em que teria feito qualquer coisa para que George Balanchine a olhasse durante uma aula no *New York City Ballet*. Se ela sente falta dessa época? Será que ela gostaria de ter 22 anos novamente? "Ó, meu Deus, não", ela diz sorrindo. "Há apenas algumas coisas que gostei da juventude e uma delas era a sensação de invulnerabilidade, sentir como se ainda houvesse tempo suficiente para que tudo desse certo. Mas envelhecer não se trata de colocar tinta nos cabelos e fingir que tem 18 anos quando na verdade se tem 35. Os valores da juventude podem ser carregados por você durante toda sua vida, se quiser assim. Você pode ser jovem, impulsiva, esperançosa e, ao mesmo tempo, sábia".

Depois de bons dez anos em São Francisco, ela está fazendo planos para retornar à pequena cidade onde cresceu, no norte da Califórnia. O tumulto e a confusão da vida na cidade não a satisfazem mais. Além do mais, descobriu que há uma antiga escola da ballet na cidade que permanece fechada desde que a última professora se aposentou...

"Finalmente, cheguei àquele ponto em que estou pensando no futuro, diz Sherri. "Meu futuro. As bailarinas não são preparadas para pensar além das apresentações e, às vezes, penso que demorei muito para me desprogramar".

Biologia Básica

Veja bem, eu poderia passar anos fazendo graça das desgraças dos 30 anos. Mas, às vezes, até mesmo eu preciso expor alguns fatos para dar uma idéia real. Não estou querendo dizer que você não sabe como seu corpo está se sentindo agora que está chegando aos altos escalões dos 20 anos – nem abusou tanto assim do seu corpo. Você já deve estar com essas sensações há alguns anos. Já deve ter percebido que aquela torção que sofreu enquanto esquiava, no mês passado, demorou muito mais tempo para sarar do que as torções da época do colegial. Seu oftalmologista a informou que suas lentes precisam ser reajustadas e sua intenção era realmente ajudar quando explicou que sua visão ficará cada vez pior depois dos 20 anos.

Hoje são necessários três analgésicos para acabar com dores que antigamente se resolviam com apenas duas. Você sente dores em lugares estranhos e seus pés estão doloridos quando chega em casa à noite. Isso sem falar no que aconteceu com sua capacidade de ficar acordada a noite inteira ingerindo várias substâncias. Claro que ainda agüenta varar a noite trabalhando se isso for realmente necessário. Mas a que custo? Passar o resto da semana com a cabeça pesada? Apesar de ficar orgulhosa de conseguir essas proezas de vez em quando, tenha em mente que você costumava fazer isso por esporte três vezes por semana ou até mais.

Os fatos comprovam seus piores temores: você não é mais tão jovem. Seu corpo, que era invencível há cinco anos, agora entrou em declínio. Na verdade, na comunidade médica, os 30 anos são o ápice da curva de crescimento e o início do declínio.

"Está certo que 30 anos é uma idade bastante jovem em termos de envelhecimento", diz o Dr. Walter Borz, geriatra da clínica médica de Palo Alto, na Califórnia. "Mas há um consenso global de que essa idade marca o início do processo de envelhecimento ou declínio natural do corpo; é a idade em que os fatores de crescimento têm a sua vez".

A maioria dos médicos concorda que, em geral, só começamos um declínio drástico aos 35 anos, quando os níveis de estrogênio começam a cair, dificultando a gravidez (geralmente no momento em que a mulher está finalmente pronta para conceber). A pele perde sua elasticidade e o cabelo fica mais fino. Se você está especialmente acostumada com sua aparência jovial, esse é o momento de economizar para uma plástica facial. Para as *top models*, daqui para frente é só ladeira abaixo (supondo que ainda não tenham sido substituídas pela próxima revelação de 15 anos).

Mas as mulheres do time nacional de vôlei de praia não concordam com isso, e eu não concordaria com elas se fosse você. Eu nunca teria coragem de mostrar meu enorme bumbum branco e flácido perto da quadra dessas beldades musculosas e bronzeadas. "Todas as jogadoras desse time de elite têm mais de 30 anos", diz Liz Mazacayan, uma das jogadoras mais altas no *ranking* a competir nos jogos olímpicos de Seul em 1988. A jogadora mais jovem tem 29 anos.

"As mulheres estão em seu auge físico no começo dos 30", diz Mazacayan, 33. "Agora sou uma atleta muito mais completa, muito mais forte, mais preparada e mais consciente do meu corpo do que quando tinha vinte e poucos anos". Recentemente, Liz viu uma foto antiga numa revista de voleibol com ela e uma colega em trajes de banho. "Naquela foto, me vejo muito mais magra e pequena, mas não trocaria a minha força e conhecimento de agora pela aparência daquela época. Meu *personal trainer* é o treinador americano de levantamento de pesos. Sempre que me vê, diz que preciso ficar mais forte, e eu digo: 'Você está brincando? Não consigo entrar nas minhas calças jeans'. E ele diz que se eu pretendo ter o corpo igual ao da revista, ele não é o profissional indicado. Mas a maioria das mulheres com seus 30 anos que jogam no campeonato concordam que estão no auge de suas carreiras e que nada mais importa".

Queda Total

A própria Liz Mazacayan teve seu momento de negação por volta dos 30. Não foi uma questão da idade em si, já que isso passava despercebido no rigor dos treinamentos, competições e viagens. Tratava-se da suposição da vida útil dos atletas e de um momento em que seu corpo a trairia, não importava o que fizesse para evitá-lo. Mas Liz descobriu da maneira mais difícil que não poderia ignorar o que seu corpo estava tentando avisar e no processo ela viu que um equilíbrio era necessário para manter tudo em ordem.

Sete dias depois do seu 30º aniversário, em 1995, Liz passou por uma cirurgia reconstrutora no joelho para reparar um ligamento rompido. "Eu já tinha passado por outras cirurgias no joelho, mas nenhuma tão severa quanto esta". A contusão era considerada uma ameaça a sua carreira. Faltavam dois dias para o Natal – "e eu pensei: Meu Deus, então é isso que representam os 30 anos".

Até sua lesão, Liz e sua parceira tinham sido as melhores jogadoras de vôlei de praia do mundo. O time nacional tinha ganhado mais competições que qualquer outro em dois anos, e Liz estava curtindo a fama e a fortuna que vinham com tudo isso. Finalmente, era capaz de bancar-se sozinha como atleta profissional (graças aos patrocínios como o da Reebok). Esse era o auge da sua profissão, os frutos de toda uma vida de suor e dedicação ao esporte. Em toda sua vida, ela foi uma atleta talentosa e obstinada, vinda de uma família de atletas. Jogou vôlei nas praias de Santa Monica, freqüentou as aulas da faculdade de atletismo em UCLA, foi membro do Time de Vôlei de Praia Feminino nos Jogos Olímpicos de Seul, em 1988. Esse tipo de lesão no joelho era uma verdadeira bomba. "Não parava de pensar: Meu Deus, por que isso foi acontecer comigo? Depois de tudo o que batalhei. Eu só podia pensar em retornar às quadras".

Em geral, são necessários de 8 a 12 meses para recuperar-se desse tipo de cirurgia, tempo demais para Liz. "Eu estava determinada a voltar quando a temporada começasse em abril", disse. "Meus médicos não estavam nada felizes, mas fiz assim mesmo e acabei voltando às quadras quatro meses depois da operação. Depois de cinco meses já estava ganhando novamente".

A princípio, isso alimentava sua vaidade, pois era a única a vencer todas as estatísticas. Ela era forte, tinha um dom, podia vencer qualquer dificuldade. Mas não tinha idéia de que caminhava para outra lesão. Oito meses depois da cirurgia no joelho, Liz Mazacayan quebrou a rótula. "As pessoas acreditam que o rompimento dos ligamentos ACL é uma lesão que ameaça a carreira de qualquer um", disse. "Mas, se me recuperei de um ACL, uma rótula quebrada não será obstáculo. Falando em ameaça, uma rótula quebrada é dez vezes pior".

Derrubada pela segunda vez, Liz começou a suspeitar que algo tinha de mudar. "Era quase como se alguém estivesse ali tentando me dizer alguma coisa. Como se eu fosse ser derrubada quantas vezes fosse necessário até que aprendesse algo com aquilo. Eu não seria capaz de sair de tudo isso na porrada". Para piorar ainda mais, uma cirurgia de exploração revelou um ligamento pronto a se romper. Por causa do joelho lesado, ela usava o outro como compensação. "Eu era uma bomba pronta para explodir".

Tudo isso abriu os olhos dela. "Foi um momento bastante diferente, aquele ano todo foi o começo de uma lição de vida". Pela primeira vez, Liz sentiu necessidade de manter o equilíbrio na vida. Como uma atleta de elite, nunca parou para pensar ou sentir, simplesmente seguia em frente. Ia para as quadras, competia, vencia; essa era a finalidade até então. Agora, tinha visto que levava a vida da maneira que levava o jogo. E tudo teria de mudar.

"Essa tragédia foi uma benção", afirma. "Tive de aprender do jeito mais difícil, tive de prestar atenção às minhas necessidades. Eu era uma atleta com bastante talento e físico para superar tudo aquilo, mas agora estava sendo forçada a ver o jogo e a minha vida através das emoções e dos sentimentos, coisa que nunca tinha feito antes. Levei um certo tempo para realmente sentir-me agradecida por algo tão terrível quanto aquilo", sorri Liz.

Seu primeiro teste foram as eliminatórias para as Olimpíadas. Para recuperar-se da lesão e estar em forma para classificar-se, seria necessária uma boa dose da antiga Liz – trabalho físico e obsessão. "Mas dessa vez eu parei e perguntei a mim mesma que importância isso tinha em relação à minha saúde a longo prazo?" comenta. "Era algo importante para mim no momento".

Liz participou das eliminatórias e jogou com 60% da sua capacidade. "Faltava apenas um jogo para as semifinais e eu dei o melhor de mim". Depois disso, ela tirou oitos meses para relaxar e recuperar-se até ficar 100%.

Em julho de 1997, Liz venceu o primeiro campeonato, depois das lesões de dois anos atrás, mas foi uma vitória diferente. "Foi um longo caminho de volta e cheguei à conclusão de que conseguiria; voltaria aos 100%, mas nunca mais seria a mesma jogadora. Estou melhor agora apesar de não poder contar tanto assim com o físico. Tenho de ser mais esperta e inteligente no jogo, tenho de aprender um jogo totalmente diferente daquele que estou acostumada. Na verdade, isso serve para a vida também. Acho que comecei uma nova fase".

Temperança? Para atletas de elite ou qualquer pessoa no auge da sua profissão, pegar pesado demais, ser obcecado, são as regras do jogo. É isso que os torna bem-sucedidos, determinados a continuar muito além do que o resto de nós, pobres mortais. Isso é verdade para atletas e empresários. "Quando se é o time vencedor, há muita pressão", acrescenta. "Havia tanto estresse, tanta coação, que eu vivia doente. Olhando para trás eu vejo que com certeza me diverti muito, mas não tanto quanto poderia ter me divertido".

Sua lição de vida: "Aprendi a diminuir o ritmo, curtir o processo e não o resultado. Essa foi minha maior lição. É preciso curtir o que se faz, o processo. Não se trata de trabalho, trabalho, trabalho só para chegar ao resultado".

Liz Mazacayan tem agora uma nova parceira de voleibol, uma novata que costumava treinar em UCLA. Até agora, a mulher quebrou todos os recordes do seu esporte, como por exemplo ganhar o terceiro jogo. "Não se ganha apenas na primeira temporada", diz Liz. "Isso é só o começo. Mesmo na minha carreira, ainda acredito que tenho muito a fazer. Vai ser a primeira vez que aproveito meu tempo fora da temporada com saúde. Não terei de fazer fisioterapia porque não tenho qualquer lesão. Vou aproveitar esse tempo como todos os outros".

Foi uma temporada impressionante. Ao vencer o primeiro jogo, após dois anos de lesão e fisioterapia, Liz pôde ver claramente sua nova forma de viver. Depois desse jogo, veio a corrida familiar para a vitória, quando percebeu que algo mudou. Então surgiu a reação imediata de "É só isso que importa?"

"Foi o sentimento mais estranho", afirma Liz. "Acho que hoje em dia há muitas outras coisas importantes na vida do que simplesmente vencer. Antigamente, era só isso que importava, era o objetivo final. Todo o meu ser estava reduzido a vencer ou perder. E, quando finalmente venci no mês passado, foi como se estivesse pronta para um outro nível de crescimento. Mas foi preciso chegar àquele momento, à vitória, para perceber que não é só isso que importa".

Esse novo equilíbrio se estendeu para outras áreas de sua vida também. Liz está refletindo sobre o que fará depois que sua carreira nas quadras terminar e pensando em trabalhar como comentarista. Na vida pessoal, está mais interessada no tipo de marido ou pai que um namorado poderá ser no futuro. "Quer dizer, agora eu quero conhecer os pais, meus futuros sogros", sorri. Ela confessa que não está preocupada com filhos ainda, já que deseja aproveitar seu novo ponto de vista antes de aposentar o protetor solar para sempre, mas afirma ter os mesmos sonhos da maioria das garotas: afastar-se por alguns anos para criar os filhos quando eles vierem.

Liz está levando aquilo que aprendeu para a vida pessoal. "Não se trata apenas daquilo que aprendi, mas do que posso utilizar. Acho que muitas pessoas entendem o conceito, mas não sabem como aplicá-lo. Comecei a fazer isso e me sinto muito mais feliz. Essa mudança nunca teria acontecido se não fossem as coisas por que passei aos 30 anos".

O Relógio Biológico – Fato ou Ficção?

Seja como for, é impossível negar a existência desse relógio. Você pode se convencer de que ainda tem bastante tempo para cuidar da carreira, encontrar o homem dos seus sonhos, escalar o Monte Everest e tudo mais. Mas seu corpo está avisando que não vai esperar muito mais tempo para que você realize aquele outro item da sua lista de Coisas para Fazer na Vida: os bebês.

Claro que eu estou ciente dos milagres da ciência. Leio com bastante interesse as notícias sobre ser mãe aos 60 anos e suas controvérsias. Também leio os comentários que seguem essa controvérsia, colunas e colunas de mulheres perguntando: "Se um homem pode ter filhos aos 77 anos, por que uma mulher não pode tê-los aos 60?"

Deixe-me falar o óbvio para todas as garotas que desejam tornar-se mãe algum dia: os homens não podem *ter* filhos. Infelizmente, eles têm a chance de arrumar mulheres jovens que tenham os filhos por eles. A concepção e a criação dos filhos é inerentemente injusta. Não interessa o nível de envolvimento do pai, a não ser uma rápida ejaculação e vários meses de sono interrompido depois dos nove meses de gestação, os homens não fazem quase nada em comparação com as mulheres. A natureza fez as coisas desse jeito, não me pergunte por quê. A verdade é que, biologicamente, quanto mais jovem engravidarmos, mais fácil será enfrentar todo o trabalho (mas preste atenção, porque a intenção da natureza hoje em dia significa que você demorará muito mais para terminar a faculdade). A natureza tira seu privilégio depois de uma certa idade. Portanto, quando você flagrar momentos de encantamento com crianças no final dos seus 20 anos, seu corpo está definitivamente tentando avisar-lhe algo. Provavelmente, está dizendo que, com ou sem carreira, correr atrás de bebês engatinhando para limpar seu vômito fará com que suas costas fiquem mais doloridas aos 60 anos do que aos 20, ou até mesmo 35. A natureza gostaria que a gente vivesse tempo suficiente para ver os filhos se formarem no colegial, já que, depois da faculdade, normalmente feita em outra cidade, acabam voltando para casa.

Fiquem atentas a esse relógio biológico, garotas. Trata-se de algo bastante sério. Mas será que significa que você está condenada a ficar olhando as vitrines das lojas para bebês pelo resto da sua vida? Não. Assim como a maioria das coisas na vida, basta ignorar que tudo passa.

Quando eu tinha 21 e era amiga de uma mulher 10 anos mais velha, ela me deu uma idéia bastante real dos funcionamentos do relógio biológico. Além de me tornar herdeira de tudo aquilo que havia em seu armário, ela me disse o seguinte: "Haverá dois momentos em que você sentirá uma vontade louca de ter filhos". "O primeiro, é por volta dos 25 anos. O segundo, é no começo dos 30".

Essa mesma mulher, agora com 40 e poucos, é uma consultora financeira de bom gosto, com muito dinheiro, e tem o único casamento de vinte anos realmente feliz que eu conheço. No entanto, ela não tem filhos e vive muito feliz com essa decisão. Ela ignorou seu relógio biológico com sucesso, como se o tivesse colocado debaixo do travesseiro para dormir por mais cinco anos.

Quando ouvi seus conselhos, há dez anos, eu era totalmente contra ter filhos, pois acreditava que eles só atrapalhariam a minha carreira. E, como a minha carreira, o jornalismo, era tão difícil de entrar e, como eu já estava dentro, não tinha intenção de sair – principalmente para ser mãe, algo que para mim era coisa do passado. Acho que escrevi uma carta para o jornal local falando sobre isso, portanto, há um registro público da minha inclinação naquela época.

Passei pelos 25 anos ilesa, embora me pegasse olhando aquelas coisinhas sentadas nos carrinhos e babando. Mas eu ainda trazia aquela mentalidade do colegial, onde a gravidez era algo *ruim*, algo a ser evitado a qualquer custo. Não era um assunto para ser considerado já que, afinal, éramos garotas preocupadas com a faculdade e a carreira.

Esse tipo de negação tende a avançar até os 20 e tantos anos, quando a primeira amiga fica grávida de propósito. A reação a esse fato geralmente sai de controle. Várias garotas admitiram que simplesmente não sabiam o que dizer quando suas amigas foram nocauteadas de propósito. "Mas você só tem 28", gaguejou uma delas, e logo percebeu que seu comentário tinha sido estúpido.

Mais cedo ou mais tarde, você vai acordar e perceber que engravidar não é uma idéia tão radical. Você não deixaria de ser você mesma, isso não assassinaria seu casamento e, felizmente, não seria necessário aposentar-se.

Não despertei para tais constatações durante muito tempo. O instinto maternal se manteve longe dos meus hormônios até meus 28 anos, quando minha prima de 27 ficou grávida.

Recebi a notícia numa noite escura e chuvosa. Eu estava presa no trabalho, olhando as ruas frias e molhadas de Manhattan pela janela do 39º andar, quando decidi verificar se os telefones estavam funcionando, e estavam. Então decidi ligar para a minha prima em New Hampshire.

Dizer que a novidade caiu como uma bomba seria o clichê apropriado nessa circunstância, já que fiquei muda, quase cega e incapaz de me mover por muitos minutos. Antes disso, eu nunca tinha ouvido uma mulher da minha idade admitir que estava grávida, a não ser em tom de desespero. A maneira casual como ela contou a novidade me fez pensar que não tinha ouvido bem.

— Você está ávida? - eu disse, confusa - Mas todos nós estamos...

— Não! Estou grávida.

Eu não disse nada. Só podia ser brincadeira. Esperei alguns segundos até que ela desmentisse o fato, mas isso não ocorreu. Será que ela estava falando sério?

— Você está grávida?

— Sim!

— Você está grávida!

— Sim! Isso não é o máximo?!

Os titãs estavam em guerra na minha cabeça. Quando consegui falar novamente, perguntei se ela se sentia feliz com a gravidez.

— Claro! - afirmou - Nós estávamos tentando engravidar há um ano.

Nós estávamos tentando? Que tipo de linguagem é essa, o dialeto usado no "Reino das Pessoas Casadas"? Isso era diferente de tudo aquilo que eu conhecia e tinha cheiro de responsabilidade, casa própria, e não alugada, e carro do ano. A idéia de ser confiante e madura o suficiente para *intencionalmente* iniciar uma família me pôs em pânico. Aos 28 anos, eu mal estava ciente de que, em todo o mundo, as mulheres da minha idade tinham suas próprias famílias e que isso era considerado algo bom, certo e natural. Mas sempre que pensava no assunto, tirava isso da cabeça imediatamente. Afinal de contas, estávamos falando de mim. Somente os adultos se casavam e engravidavam! Como eu, ou qualquer outra pessoa que conheço, poderia ter filhos se a maioria de nós ainda se sentava na mesa das crianças quando voltava para casa na festa de celebração do Dia de Ação de Graças? Ainda éramos crianças!

Entretanto, mais uma vez, o tempo tinha passado sem avisar, e eu pude perceber que minha negação tinha sido completa. Eu tinha reprimido a idéia da reprodução, convencendo-me de que nunca teria idade suficiente para engravidar intencionalmente, mas, mesmo assim, aqui estava alguém da minha própria faixa etária, com a mesma base socioeconômica, claramente feliz de estar grávida.

Foi aí que tudo começou. Enquanto ouvia minha prima contar toda aquela história de "ter uma vida crescendo dentro de si" e descrever a lista das comidas orgânicas que agora estava consumindo para "deixar a criança saudável", passou pela primeira vez na minha cabeça que eu adoraria estar no lugar dela. Ela estava em casa com seu príncipe encantado, um homem que a adorava, e nesse momento deviam estar discutindo nomes ou decorando o quarto do bebê. Ela estava segura do que estava por vir, pois fazia parte de uma família. Enquanto isso, eu estava no trabalho fazendo hora extra numa noite fria, adiando pegar o metrô de volta para casa porque não havia ninguém lá, nada para comer além de sucrilhos e nem recados na secretária eletrônica (pois eu já havia checado). Minha família estava na Califórnia, a 5 mil quilômetros da minha casa, fazendo sabe-se lá o quê. Foi a primeira vez que a idéia de uma carreira glamourosa em Manhattan começou a escorrer pelos meus dedos. Naquela noite, fiz o que qualquer garota com 20 e tantos anos faria nessa situação: corri até uma loja de conveniência para comprar outro pacote de cigarros e liguei para mamãe para chorar.

Não ousei dizer uma só palavra sobre meus novos sentimentos para qualquer uma das minhas amigas, todas garotas interessadas somente na vida profissional. Elas me veriam como uma pessoa fraca, fracassada, incapaz de seguir em frente. Afinal, ninguém se muda para Nova York para ter uma vida confortável e uma pequena família feliz. Éramos guerreiras urbanas, as garotas espertas e inteligentes do final do século. Tínhamos estudo, ambição e motivação, além de muita raiva da diferença salarial. A palavra "gravidez" não fazia parte do nosso vocabulário. Tínhamos dado duro nos últimos anos para chegar onde estávamos e não tínhamos intenção de parar. Dar uma interrompida nas nossas vidas tão importantes só para ter filhos era uma idéia abstrata, algo para as mulheres mais velhas, não para nós. Até mesmo aquelas que já eram casadas ficavam aterrorizadas sempre que alguém perguntava sobre planos de ter filhos. "Filhos?" – respiravam fundo – "Meu Deus, agora não".

Foi tarde da noite, durante uma reunião só das garotas, num barzinho tomando cerveja e ouvindo Shania Twain, que descobri que não estava sozinha nesse barco.

Sarah foi a primeira a levantar o assunto."Acabei de receber uma foto da filhinha da minha irmã", disse enquanto tragava seu cigarro rapidamente. "Quem quer ver?" Ela sacou a foto da carteira antes que qualquer uma de nós pudesse responder. Lá estava sua irmã, com o marido a abraçando por trás, segurando uma coisinha embrulhada num cobertor branco e rosa. "Óóóó", falamos em coro, mesmo sabendo que não se tratava da reação esperada.

Então, Sarah ficou séria e, abaixando o tom de voz perguntou: "Alguém aqui quer ter filhos?" "Claro", foi a resposta geral. "Quando?" Isso nos pegou de surpresa. Perguntar a um grupo de recém-formadas "quando" pretendiam ter filhos teria produzido a resposta típica: "No final dos meus 20 anos". Perguntar a um grupo de garotas no final de seus 20 anos provocou tremor e um aumento visível de tragos nos cigarros. Como poderíamos responder a essa questão sem nos comprometer?

Eu respondi primeiro. Isso porque, como boa californiana, não consigo evitar minha participação em terapia de grupo e ainda era incapaz de parar de sorrir para pessoas estranhas mesmo depois de três anos em Nova York. "Eu queria ter um agora se pudesse". As outras me encararam. Eu tinha acabado de falar aquilo que não deve ser pronunciado.

Dei de ombros. "Queria mesmo, verdade. Estou preparada".

Eu tinha aberto as comportas. Sarah acariciou a foto de sua sobrinha. "Meu Deus, eu também", disse. "Estou mais do que preparada".

"Eu também", concordou mais uma. De fato, todas concordaram. Nenhuma de nós teria problemas para deixar de lado a carreira e abraçar a maternidade. Dessa verdade, surgiram outras verdades sobre nossos empregos, coisa que tínhamos acabado de perceber. Mas isso fica para outro capítulo.

Morando com os Pais

Não vou mais tentar explicar esse fenômeno para nossos irmãos mais velhos, droga. Não vou mais pedir desculpas pelo estado da minha geração ou por nossos empregos no McDonald's sem nenhum benefício e nem pelo empréstimo estudantil de cinco dígitos que, muitas vezes, faz com que a gente tenha de voltar para casa. Entenda que não é isso que queremos, mas às vezes não dá para evitar.

É por isso que eu digo que, se você está pronta para pegar pesado com essa idéia de negação, então por que não voltar para casa? Afinal, isso está na moda. O censo mostra que há cerca de 5 milhões de homens e mulheres, entre 25 e 34 anos, morando com os pais nos Estados Unidos. Ficar com os pais automaticamente evita vários anos de medo de crescer e, se você está disposta a engolir um pouco do orgulho, pode ter seu *status* de Geração X, durante vários anos, depois que a maioria já caiu na real.

Se for o caso, aproveite o estado financeiro mais abastado dos seus pais e o desejo deles de ajudá-la. Como uma garota em negação completa, você pode abrir mão de qualquer vestígio de maturidade até agora e ser capaz de mamar na mamãe e no papai sem peso na consciência. A mamãe vai lavar suas roupas e preparar as refeições, o papai vai consertar seu carro e ambos lhe emprestarão dinheiro. Você ficará folgada, no sentido pleno da palavra, e ninguém poderá imaginar que já tem 30 anos ou mais, a menos que vejam seu documento de identidade, o que é bastante improvável. Entretanto, os rapazes não se importam porque não vêem nenhum problema em morar com os pais para sempre. Apesar de gostar da audácia dessa idéia na teoria, ela deixa muito a desejar na vida prática.

É mais provável que a garota que volta a morar com os pais faça isso por necessidade, forçada por uma situação financeira, emocional ou de saúde – e, bata na madeira, às vezes os três juntos. Essa é uma questão totalmente diferente, que exige outra abordagem.

Você terá de abandonar aquele alto grau de autonomia que conquistou, desde que saiu de casa para fazer a faculdade, e retornar, com o rabinho entre as pernas, para pedir ajuda humildemente. Haverá muitos obstáculos a superar no futuro e, pode acreditar, depois que você volta ao papai e à mamãe, não serão os tipos de obstáculos que você está acostumada a enfrentar.

O orgulho, no entanto, será o primeiro e pior obstáculo a ser superado quando se volta para casa. Durante uma semana ou duas, você vai reclamar de como a vida é injusta, fazendo com que tenha de voltar para as asas da mamãe com quase 30 anos. Acordará no meio da noite pensando: "Se eu tivesse mais

> ## **Pitadas de Realidade**
>
> Cinco regras miseráveis a seguir se você deseja voltar para a casa dos seus pais.
>
> + Regra 1: O **principal objetivo** de voltar para a casa dos pais é **sair de novo assim que possível** (SNAP).
>
> + Regra 2: Não se sinta muito à vontade. Isso é a morte certa para qualquer garota independente. Não importa que você se dê extremamente bem com seus pais e nem o quanto você gosta daquela TV de 29 polegadas, ou de tomar banho naquela banheira especial. A vida dos seus pais não é a sua. Veja a Regra 1.
>
> + Regra 3: Assuma uma atitude independente. Você já morou numa república ou tem a intenção de morar sozinha, certo? Proceda da mesma maneira ali. Compre sua própria comida, pague sua parte da conta de telefone, arrume sua cama e não deixe sua roupa espalhada pela casa. Mantenha-se no seu quarto ou se ocupe com suas coisas o máximo possível. E, pelo amor de Deus, tenha seu próprio carro. Pegar o
> ...

um cartão de crédito, talvez pudesse manter o apartamento até arranjar um emprego e assim não teria de vir para cá..." Vai elaborar listas de coisas que pode deixar de comprar para poder manter sua independência. Quando começa a imaginar como uma garota deve proceder para se candidatar a uma vaga de demonstradora de produtos nos supermercados, é hora de aceitar o destino e se entregar.

Talvez seus pais dificultem as coisas. E talvez venham com aquele papo de que, quando tinham a sua idade, já eram casados, tinham filhos, uma casa e dois carros – e ainda questionam: "O que há de errado com a juventude de hoje?" Você terá de encará-los sem dizer uma só palavra, já entrando numa falsa adolescência bastante comum entre as garotas adultas que precisam voltar para casa. Mas você precisa cair nas graças deles, apenas o tempo suficiente para se reerguer. Então, agüente firme. (Numa situação ideal, seus pais, assim como os meus, quando tive de voltar para casa por seis meses depois de abandonar Nova York, ficarão extremamente felizes e terão um quarto de hóspedes, esperando por você.)

carro do meu padrasto emprestado quase acabou com o casamento da minha mãe. Agir desse modo garante que você não violará as Regras 1 e 2.

+ Regra 4: Limite o número de romances com os garotos da vizinhança. Mesmo que seus pais sejam superliberais, enquanto estiver morando com eles, não deve esquecer que não passa de uma garota crescida debaixo das asas da mamãe. Você não vai ganhar pontos dormindo fora de casa toda hora ou tendo orgasmos tão altos que toda a casa possa ouvir. Levar uma vida mais casta do que costumava, durante a sua vida na república estudantil, evita que a Regra 1 não se cumpra. E nada de se apaixonar por alguém do bairro. Lembre-se de que isso é temporário.

+ Regra 5: Arrume um emprego, qualquer emprego, e rápido. E deposite seu pagamento imediatamente, garota, por pior que seja. Caso contrário, como conseguirá se erguer e sair do berço onde foi criada? Você gosta de dormir em um quarto cheio de bichinhos de pelúcia?

Meus velhos deixaram bem claro que queriam que eu voltasse para a Califórnia quando decidi ir para Nova York. Durante o inverno de 94, um dos mais rigorosos do século, meu pai fez questão de telefonar toda semana para perguntar qual tempestade de neve estávamos curtindo no momento. A 15ª? A 19ª? "Aqui no Paraíso", provocava, "temos temperaturas de 23 graus e ótimos ventos de Santa Ana". Isso foi em fevereiro. "Nem adianta, pai", avisava pelo telefone. "Não vou voltar".

Essa foi uma daquelas situações em que os pais estão certos. Na verdade, pensando melhor, estavam certos sobre a maioria das coisas, incluindo espinhas e namorados. Eles não sentiam apenas alegria por me ver voltando, sentiam orgulho por estarem certos. Eu tinha a opção de morar com qualquer um dos dois, sem maiores perguntas.

Entretanto, eu aprendi que não existe aluguel de graça, há regras a serem seguidas se você quiser sobreviver à situação. Você deve decorar as regras e cumpri-las à risca, a menos que ainda queira tricotar com sua mãe bem velhinha daqui a vários anos.

3 NEGOCIAÇÃO

Vamos Fazer um Acordo

Não sonhe, faça.

Dr. Frank N. Furter

Sonhar não vai ajudar, muito menos respirar fundo. A negação direta e categórica não leva você a lugar nenhum, e não importa como sua vida esteja aos 30 anos, o mar de rosas ficou para trás.

Você tentou fingir que nada estava acontecendo, mas as semanas continuaram a voar, os meses mais parecem feriados prolongados e a data fatídica marcada no calendário está se aproximando rapidamente. Rápido demais! De fato, está quase chegando. Você está com quase 30 anos e o tempo não pára de correr, nem por um mesmo momento, nem para agradá-la. Você precisa fazer alguma coisa e rápido.

Mas o quê? O *quê?*

Primeiro, não entre em pânico. Respire fundo!

Relaxe a mandíbula, destrave os dentes. Chegou o momento na vida de qualquer garota em que nada além de muita determinação pode funcionar. Você precisa estar centrada, deve estar pronta para o trabalho árduo. Você precisa de um lápis apontado e uma folha de papel em branco à sua frente.

Chegou a hora de negociar, a hora de fazer listas.

Vivemos em uma sociedade que está obcecada por seus objetivos, caso não tenha percebido, os objetivos e as listas caminham de mãos dadas. Há tantas coisas que as pessoas desejam fazer que começam a criar listas para que possam avaliar a quantidade de itens que conseguirão cumprir. Você já começou a elaborar listas de Natal muito antes de saber escrever: uma boneca Barbie, um gravador Panasonic amarelo etc. Deve ter feito listas sem-fim das roupas que desejava comprar; então vieram as listas das coisas que gostaria de fazer no colegial, listas de garotos que gostaria de beijar (se eles quisessem), professores que você demitiria, drogas que experimentaria, garotas que você odiava.

Mais adiante vieram as listas das faculdades em que gostaria de entrar: lista dos cursos, lista dos créditos que precisava para se formar, lista dos garotos com quem gostaria de dormir, lista dos professores com quem gostaria de dormir, listas dos empregos dos sonhos, listas de contato, listas de entrevistas conseguidas e cartas de agradecimento, listas de cartas de reclamação recebidas. Então, listas de lugares melhores para trabalhar do que o emprego inútil em que está atualmente, lista dos bares favoritos para *happy hour*, listas de roupas para lavar, listas de supermercado, listas de planejamento do pagamento do cartão de crédito e claro, a lista com os nomes (abreviados por questão de segurança) de todos os rapazes com quem você dormiu.

Essas são as pequenas listas da vida e todas nós precisamos delas. A maioria de nós não consegue sair da cama de manhã sem elaborar uma pequena lista "daquilo que preciso fazer para não ser demitida hoje" em nossas cabeças. Claro que existem as listas mais importantes da vida, como por exemplo a maldita lista de Coisas para Fazer Antes dos 30.

Se você não preparou uma lista como essa na época em que saiu da faculdade, então, para começo de conversa, receio que não tenha ambição suficiente. Qualquer garota de 22 anos que não almejou o sucesso pessoal na distante idade de 30 anos, provavelmente tinha expectativas tão elevadas quanto trabalhar na agência dos Correios. Certamente, depois de ler o terceiro ou quarto artigo humorístico chamado "10 Mil Coisas Que Você Deve Fazer Antes de Chegar aos 30", essa garota vai perceber que talvez fosse melhor começar uma lista agora mesmo, nem que seja apenas para não ficar de fora. Mesmo porque, por trás de todas essas listinhas publicadas há uma verdade implícita: realize alguma coisa antes dos 30 ou será tarde demais.

Sua idade está estampada em sua cara e essa lista colocou você contra a parede. Uma rápida olhada pode revelar quantos itens da lista, se há algum, você pode realmente cumprir, e isso só serve para arruinar sua festa e piorar ainda mais as coisas. Essa maldita lista é a responsável por horas de desespero, desde o dia de hoje até o momento em que realmente complete 30 anos, porque se recordará de certas realidades da sua vida como: "Se não consigo me lembrar de comprar leite todas as semanas, então como espero conseguir uma promoção antes dos 30?"

É um fato comprovado que o motivo que faz uma garota odiar seu 30º aniversário é ainda não ter feito aquilo que acredita que deveria ter feito até esse momento da vida. Deixe de lado a idéia de que ter uma lista de objetivos a serem alcançados antes de uma idade arbitrária é algo que deve ser feito quando se é uma jovem de 17 anos (mas permanece apegada a ela até bem depois dos 30), pois tais listas só levam você a crer que não passa de uma fracassada. Quando se é uma garota de 18, chegar aos 30 parece algo remoto que você sente estar valorizando ao assumir que todos os seus sonhos terão sido realizados nessa época. Aos 18, também somos bastante jovens e idiotas para não duvidar, nem por um segundo, que todos os nossos planos serão concretizados, que não surgirão obstáculos, não haverá mudanças de planos e você não se apaixonará e largará tudo para seguir seu amor até o fim do mundo.

Entretanto, você já deve ter percebido que a vida faz de tudo para não cooperar e que, quanto mais você se apega à sua programação predeterminada, mais propensa estará a ser arrastada para longe do caminho escolhido.

Tente acompanhar o que vou contar. Namorei um rapaz que tinha uma irmã mais nova que tinha uma amiga. Uma noite, saímos todos juntos para ir ao cinema, mas passamos pelo meu apartamento primeiro. A garota ainda estava na faculdade, mas já era bastante confiante de como seria sua vida. Ela tinha planos de se formar, conseguir um emprego no Wall Street, trabalhar lá por dois anos, retornar à faculdade para fazer o MBA (num prazo máximo de 10 anos), voltar ao Wall Street, ganhar muito dinheiro, casar, ter dois filhos (um menino e uma menina, o menino primeiro) e então abrir sua própria corretora. Planejava ser bastante rica já aos 30 anos. Como se tratava de uma garotinha arrogante e mal-humorada, com um corte de cabelo muito sério para sua idade, decidi não tentar aconselhá-la sobre o número de variáveis no seu plano de vida. Achei melhor guardar todo o meu conhecimento de como as coisas realmente funcionam e permaneci anônima, assim eu poderia aplaudir com entusiasmo ao vê-la cair de cara no chão pela primeira vez.

Logo fiquei sabendo que seu plano foi rapidamente por água abaixo depois que ela conseguiu um emprego em um banco que foi comprado por outro, o que imediatamente tornou sua divisão redundante. Ops! Isso faria com que se atrasasse um ano inteiro, e acho que ela não tinha nenhum Plano B caso o Plano A não desse certo. Do jeito que as coisas vão, aposto que ela chegará aos 30 anos antes que consiga fazer o MBA. Como será que ela vai encarar tudo isso?

O que essas garotinhas não percebem é que fazer uma lista é fácil, contanto que se lembrem de que a vida geralmente interfere.

Pensando nas estatísticas, também é possível selecionar um ou dois tópicos da sua lista e realizá-los bem. Essa é a natureza da lista. Trata-se de esperar com paciência e perseguir com persistência. A maioria das garotas no universo ficará extremamente feliz se puder realizar pelo menos um grande item antes de iniciar sua terceira década. Se você for uma dessas raras mulheres que podem mostrar sua lista e exibir com orgulho que conseguiu, de fato, realizar tudo o que tinha programado para os trinta anos, então, para começo de conversa, é provável que não tenha feito uma lista muito criativa.

No entanto, as listas, embora sejam falhas em sua natureza, ainda são uma ferramenta necessária para qualquer garota que esteja chegando aos 30. Afinal, as listas ajudaram milhares como você a ficar centradas naquilo que precisavam fazer, a seguir, para chegar à felicidade máxima: seja comprar uma nova peça íntima, limpar o fogão ou ser promovida para o nível intermediário de gerência. Uma lista pode mostrar, preto no branco, quais são seus verdadeiros objetivos.

Você está com sua velha lista na mão? Estude-a com cuidado. Agora, selecione o item com maior probabilidade de ser realizado antes dos 30 e mãos à obra.

Determinação Nua e Crua

Lembre-se de todas as vezes, nos últimos 15 anos, que você quis tanto alguma coisa que estava disposta a fazer de tudo para conseguir. Talvez tenha se inscrito para ser líder de torcida do time da escola e depois praticou sua parada de mão até que suas palmas sangrassem porque você estava determinada a vencer e entrar para a equipe (claro que não conseguiu porque não era uma das garotas populares do colégio, mas mesmo assim os juízes ficaram impressionados). Ou talvez tenha sido aquele primeiro emprego ao sair da faculdade – competindo com outras 557 pessoas do mesmo curso pelas duas únicas vagas disponíveis na cidade. Se tinha esse espírito guerreiro antes, o tem agora também. Então, arregace as mangas, menina.

Realmente não importa o que está na sua lista, a menos que seja algo tão ridículo e irreal quanto ser a primeira mulher a colonizar Saturno (e mesmo assim eu diria, vá em frente!). O que importa é a sua determinação. Também tenha o seguinte em mente: caso esteja insatisfeita com o mercado em que a vida se transformou, agora é uma boa hora para fazer algo a respeito. Troque por outra mercadoria, troque por dinheiro, escolha não querer comprar nada, incendeie a loja. Você tem um grande leque de opções porque, lembre-se, ainda há uma década inteira para pôr os pingos nos is antes que complete 40.

Os itens da sua lista podem variar um pouco. Mesmo que este seja o caso, o truque é tornar cada item bastante amplo, porque, quase tudo fica praticável quando os perímetros são amplos o suficiente.

Comece selecionando aquele item que trará mais felicidade. Digamos que ele envolva navegar pelo Mediterrâneo em um navio grego. Revisemos alguns detalhes para tornar isso possível. Vejamos a Grécia primeiro: que tal esse destino para suas próximas férias? Faça reservas em um cruzeiro onde haverá muitos marinheiros gregos, já que é preciso uma tripulação para pilotar o barco. (E, se você é uma garota brasileira, é garantido que atrairá a atenção de vários homens gregos interessados em aprender mais sobre, humm... o carnaval.) Você pode comprar figos enquanto estiver lá.

Não foi tão difícil assim, foi?

Vamos tentar algo mais difícil. Você sempre acreditou que estaria casada aos 30 anos, mas já está com 29 e sem namorado. Mas isso não é o fim do mundo. Primeiro, insista que a expressão "casada aos 30" realmente significa "casada entre os 30 e os 35" e pronto! Você tem mais cinco anos para cuidar do assunto. Segundo, leve a sério a busca por um rapaz sério. Pense em contratar os serviços de agências matrimoniais porque, embora também seja um tiro no escuro, com certeza você vai conhecer homens que querem realmente casar.

> ### Coisas Que Já Terá Feito aos 30
>
> Vamos dar uma olhada em uma representação dos itens típicos com uma lista de coisas para fazer antes dos 30, certo? Em média, as listas incluem os seguintes itens gerais:
>
> + Casamento com um homem bonito, engraçado, cabelos escuros, três anos mais velho que você e professor associado em uma respeitável faculdade de porte médio em uma cidade universitária interessante.
>
> + Filhos. De preferência três, com uma diferença etária adequada. Bem comportados, talentosos e com os nomes de Ana Beatriz, Lucas e Marcelo.
>
> + Seu nome no *New York Times* pelo menos uma vez, de preferência em um artigo escrito exclusivamente sobre você e sua brilhante carreira/peça teatral/exposição de arte/invenção. (Mas servem os proclamas do casamento.)
>
> + Navegar pelo mediterrâneo em uma escuna de 30 metros com três maravilhosos deuses gregos e figos suficientes para três meses.

Terceiro, pare de namorar aqueles idiotas que juram não estar prontos para se acorrentar até o final do século e comece a namorar aqueles que ainda demonstram uma reticência natural, mas não protestam tanto. Já que mais de 90% das pessoas casam pelo menos uma vez na vida (e várias o fazem mais vezes), as chances de você casar são grandes e estão ao seu favor. Insistir na segurança de uma carreira acadêmica estreita muito as possibilidades porco poucos homens partem para essa área.

Vocês estão percebendo aonde quero chegar com isso, meninas?

Veja bem, eu odeio esses livros e seminários de auto-ajuda tanto quanto vocês. Mas todas aquelas palestras do papai tinham que surtir efeito em um dos filhos, e, pelo jeito, fui a escolhida, porque realmente acredito que temos o poder de transformar nossa própria vida. Sei que estou parecendo um daqueles evangélicos da TV, mas é verdade.

Rainha das Listas

Eu era a rainha das listas. Organizei meu currículo exato para cada ano de faculdade, completando com estágios de verão e trabalhos extras. Fiz um gráfico com minha ascensão estimada, listei e classifiquei as cidades onde poderia morar um dia. Mas foi apenas no meu 29º aniversário que fiz a grande lista – "Coisas para fazer antes dos 30".

Uma tarefa como essa exigiria o equipamento adequado: não apenas uma impressora colorida, mas um bom programa gráfico também. Então fui para o trabalho numa tarde tenebrosa de domingo para colocá-la no papel. Muitas mulheres fazem listas, especialmente mulheres com 29 anos, mas eu não sabia disso naquela época e me senti extremamente furtiva quando fiz minha própria contribuição, montei o gráfico em formato de pizza e apertei o botão IMPRIMIR.

Naturalmente, minhas configurações de impressão estavam erradas e eu tive de sair correndo para descobrir em qual impressora tinha saído, rezando para que não fosse a da sala do editor, atrás de uma porta trancada, pois seria a primeira coisa que ele veria na manhã de segunda-feira.

Minha lista incluía itens impossíveis de realizar pelo curto espaço de tempo que havia, além de coisas que eu tinha chance de conseguir se me tornasse agressiva e tivesse muita sorte: escrever histórias maiores e mais substanciais no trabalho; ser promovida a um nível mais alto em direção ao topo; ganhar um salário de verdade; ter um apartamento de verdade; escrever um livro; publicá-lo; conseguir um tempo para viajar; encontrar um marido; ter um filho.

Ah, certo.

Você pode imaginar a minha cara caso alguém encontrasse essa lista. Especialmente alguém com mais de 30 anos, especialmente um homem, especialmente qualquer homem mais velho que fosse meu chefe e acreditasse que eu fosse um membro do grupo dos adultos em pleno funcionamento.

Parei de fazer listas para imprimir no trabalho quando encontrei meu gráfico de pizza na impressora, do lado de fora do escritório, de uma das principais repórteres da revista, uma mulher com cerca de 25 anos, casada (claro), que naquela mesma semana tinha revelado seus planos de comprar uma casa no interior para um grupo de editores adultos, entre eles eu, que saí do recinto coçando a cabeça e me perguntando como ela poderia pensar em comprar

> **Listas Úteis para a Garota de 30**
>
> Adoramos listas, não é? Elas colocam ordem num mundo tomado pelo caos. Fazem com que a gente se sinta protegida e segura, como se tudo tivesse chance de dar certo. Se você nunca fez uma lista antes (nunca encontrei uma garota que não tivesse), experimente uma dessas listas garantidas e veja se elas não tranqüilizam sua mente perturbada. Pode ser que se sinta tão equilibrada que saia imediatamente para equilibrar sua conta no banco.
>
> - Cinco pratos quentes que você possa cozinhar em casa para servir a uma pessoa (isso diminui o consumo de sucrilhos e preserva a ilusão de que se tem uma vida).
> - Dois amigos homens para quem você possa telefonar durante emergências sexuais.
> - Os cinco melhores sais de banho.
> - Dez romances clássicos que você lerá durante esse ano (embora esteja dizendo isso desde a faculdade, certo?)

uma casa de campo quando eu não conseguia nem ao menos pagar meu cartão de crédito. A partir desse momento, passei a fazer listas no meu diário, sentada no meu pufe e equilibrando meu jantar de sucrilhos no colo.

A Base da Negociação

Mas você diz que sempre foi mais pessimista e que nunca acreditou nessa besteira de ter o poder para mudar? Mesmo assim ainda há esperança. É aqui que começamos a negociar. Trata-se de uma atitude muito mais mercenária, e que, na maioria dos casos, funciona muito bem. Além do mais, depois de ter passado pelos dois estágios anteriores, medo e negação, você está pronta para, pelo menos, experimentar. Preencha a seguinte frase: "Se vou fazer 30 anos de qualquer jeito, então posso muito bem_____".

- ✦ Os cursos de graduação mais prováveis de entrar, em ordem de preferência.

- ✦ 15 principais razões para terminar com aquele namorado idiota.

- ✦ 15 principais razões para arranjar outro emprego.

- ✦ 5 razões sólidas para não parar de fumar ainda.

- ✦ Todos com quem já dormiu, em ordem de beleza, incluindo as garotas com quem dormiu na faculdade.

- ✦ Os 5 melhores amantes, classificados de 1 a 5 (com sorte um desses rapazes está na sua lista de sexo medicinal).

- ✦ Os 3 melhores restaurantes de comida tailandesa na cidade (que entregam em casa).

- ✦ As 5 melhores lojas.

- ✦ 10 nomes favoritos para seus filhos: meninos e meninas.

- ✦ 5 cursos que planeja fazer esse ano como educação complementar.

- ✦ Maneiras de gastar os 100 milhões que você ganharia na loteria.

O que você escreveu? (Se você escreveu "morrer", então eu sugiro que você procure um psiquiatra para conseguir uma prescrição de Prozac porque não tem mais conversa.) Você escreveu:"fazer o que eu quiser"?, "fazer mais compras"?, "mudar de vida"? Então está no caminho certo. Pelo menos, você já sabe quais são as áreas problemáticas e pode começar a pensar no que fazer sobre isso.

Mas é preciso estar muito mais irritada para que a negociação funcione. Você nunca realizará nada da sua lista se não deixar que a raiva e o ódio cresçam.

Tomemos minha amiga Eva como exemplo. Quando ela tinha 32, tinha um emprego interessante em uma empresa que fazia jogos de CD-ROM para crianças, um apartamento pequeno e confortável em uma cidade universitária e a família por perto sem estar perto demais. Qual era o problema? Falta de namorado e excesso de dívidas. "Eu estava de saco cheio", afirma. "Aquilo me fugia do controle e eu não conseguia parar. Eu pensava que já que o meu amor verdadeiro não apareceu, poderia pelo menos sair da dívida e me tornar uma adulta". Mais especificamente, ela queria conseguir um empréstimo para comprar um carro novo e substituir aquele que dirigia desde o último ano do colegial.

Para isso, ela engoliu o orgulho e tomou uma atitude desesperada: contratou uma agência para cuidar de suas finanças pessoais. Ela dava uma porcentagem de seu contracheque diretamente a eles, que, gentilmente, pagavam seus credores. Comprar sapatos novos por impulso é coisa do passado, me contou Eva, bastante satisfeita. Seus cartões de crédito estão sempre em alerta, monitorando seus gastos e garantindo a disciplina. Se ela seguir nesse passo, estará livre das dívidas em dois anos e pronta para assumir o empréstimo do carro.

Ei! É um começo, não é? Ela ficou com raiva, negociou e conseguiu alguma coisa. Às vezes, ficar com raiva é o único meio de cumprir qualquer um dos seus prazos. No entanto, tomara que ela nunca encontre sapatos realmente legais.

Minha Solução

Minha lista era longa e o tempo curto, então decidi agir como sempre faço quando tenho uma quantidade inacreditável de trabalho: evitar pensar nisso até o último minuto, implorar por um prazo mais longo e então fugir.

Mas, primeiro, fiquei realmente indignada e louca da vida.

Eu tinha sido responsável, tinha estudado, trabalhado duro, tinha comprado toda aquela idéia de uma carreira de sucesso defendida nos anos 80. E até onde essa ambição tinha me levado perto do meu 30º aniversário? A uma dívida pesada de 15 mil dólares em empréstimo estudantil e um emprego como escrava de um editorial em Nova York (onde descobri que tudo o que me disseram quando mudei para lá era verdade: fique rica e conheça pessoas ou tente o suicídio em cinco anos). Solteira e a 5 mil quilômetros de distância da minha família, a ficha caiu quando comecei a perceber quanto tinha sido estúpida. Minha vida até o momento refletia exatamente o que eu tinha feito, e se não tinha nada material para exibir a culpa era minha. Entretanto, um apartamento maior não melhoraria as coisas, porque aquilo que estava errado não estava na superfície, estava no fundo.

Durante todos os anos que desperdicei trabalhando até tarde e nos finais de semana, esquematizando meus próximos passos no trabalho, meu irmão mais novo teve a vida dos meus sonhos mais secretos. Ele fez algumas aulas na faculdade local, aprendeu a pintar sinais, então se apaixonou por uma aluna de artes e foi com ela para a Holanda, onde sua família morava. Viveu uma aventura após a outra, viveu em quitinetes, arrancou cracas dos cascos dos barcos, viveu somente de frutas, iogurte e queijo. Viajou com a mochila nas costas pela Europa, dormiu atrás dos teatros na França quando não tinha dinheiro, passou pela Iugoslávia no momento em que ela se desfazia e tentou chegar à Grécia antes da alta temporada. Meu irmão não dava a mínima para diplomas de faculdade, carreiras ou apartamentos decentes. Ele tinha sua arte, seus amigos e sua audácia, e partiu por aí, para ver o mundo e só parar quando estivesse pronto. Que droga! Como eu queria ser como ele!

Então, no meu 29º aniversário, finalmente comecei a fazer os cálculos. Sei que as regras do jogo não tinham me levado a lugar nenhum e, se aos 30 anos eu não tinha bens materiais com que me preocupar nem um relacionamento para cuidar, então por que ainda estava nessa droga de cidade?

Eu precisava de um plano alternativo para este que fracassava bem diante dos meus olhos, precisava de um Plano B. Sem muito pensar, lembrei-me de algo que já estava escondido no fundo da memória, algo incomum e barato – aquilo que me colocaria decididamente na área mais empolgante do mundo: um kibutz israelense.

Dando o Primeiro Passo

Antes de ficar encantada com essas histórias de aventura e começar a vender seus bens, você precisa colocar a cabeça no lugar. Isso significa que antes de tudo é necessário parar de se comparar com todas as garotas do universo.

O Jogo da Comparação

Assim como certas drogas que alteram o humor deixam uma garota sensível à luz do sol, completar 30 anos a deixará ultra-sensível às realizações de todos os demais. O simples fato de existir alguém melhor do que você, não importa quanto você seja boa em alguma coisa, e, se essa pessoa é mais jovem, pode apostar que os jornais já ouviram falar dela e escreveram um extenso artigo que o cosmos certamente fará parar em suas mãos. É impossível ser a melhor, a mais bonita, a mais talentosa em alguma coisa. Não adianta, nem a sua lasanha é a melhor do mundo. A melhor lasanha é da minha amiga Christina. Então nem tente competir.

Você passará novamente por esse jogo de comparação quando estiver com 45, talvez 50, mas esse é o pior de todos. E, não importa o que tenha feito até aqui, também as garotas mais bem-sucedidas caem nessa.

"É algo muito pessoal", diz Rosemary Ryan, 35, presidente da Kirshenbaum Bond & Partners, a agência de propaganda, na Madison Avenue, responsável por Wendy the Snapple Lady e outras campanhas que receberam prêmios. "As pessoas lidam com isso de maneiras diferentes, mas eu acho que a maioria de nós tem expectativas do que deveria ter conquistado com essa idade e a maioria acredita que não conseguiu muito".

Isso vindo de uma garota que estava dirigindo uma agência de propaganda, na cidade de Nova York, com contas que chegam a 200 milhões de dólares, quando completou 30 anos. Ela tinha ajudado a desenvolver a campanha da Keds que foi considerada uma das melhores do ano pela revista *Time*. Tinha um ótimo apartamento, um marido dedicado, um cachorro adorável e lindos cabelos ruivos. Era o tipo de garota que você naturalmente gostaria de odiar, mas não conseguiria porque, além de tudo isso, ela era extremamente legal. Então, meu Deus, como uma garota assim acha que não alcançou o topo? Ela não tem tudo?

"Sim, mas nunca vemos as coisas com esses olhos, não é?", explica. "É como o Dia do Julgamento, em que você tem de prestar contas". E, como a maioria de nós, pobres mortais, tudo o que ela podia ver era a terrível lista daquilo que ela *não* tinha feito apontando-lhe o dedo em acusação.

Mesmo no seu próprio grupo de amigas, é impossível evitar a comparação. Na verdade, existe uma escala imaginária de onde você se encaixa em relação às suas conquistas aos 30, e essa escala é amplamente usada. Se você for esperta, vai querer que ela *permaneça* imaginária, que sirva apenas para cálculos. Sempre que uma nova amiga entra no grupo, você simplesmente dá uma olhada, faz algumas perguntas pertinentes (que podem ser especificamente sobre profissão e possessão) e arquiva-a no local adequado da escala. A classificação é a seguinte: numa escala de 1 a 10, o 1 indica que a garota em questão ainda mora com os pais e não tem namorado, e 10 indica que a garota é uma profissional altamente competente e bem paga, está casada, tem seu próprio apartamento e está planejando ter filhos nos próximos cinco anos. Acrescente um ponto para a mulher que consegue deixar os cabelos sempre bonitos, não importa o inferno que esteja vivendo. Subtraia dois pontos se a garota tiver mais do que dois gatos.

No entanto, se você perguntar por aí logo descobrirá que até mesmo as garotas com nota dez estão conversando com a manicure e perguntando o que saiu errado. "Eu já deveria ter me tornado juíza do Supremo Tribunal. O que aconteceu?", ela pode estar se questionando.

Isso realmente pode estar acontecendo, mas quem pode culpar uma pobre garota que cresceu ouvindo da imprensa várias histórias de sucesso na juventude? A partir de um determinado ponto dos anos 80, a imprensa ficou repentinamente encantada com tudo o que brilha e tem menos de 30 anos. Essa reverência à conquista precoce está por todos os lados. Ganhar o Prêmio Nobel da Paz é muito legal quando você tem 70 anos e celebra 50 anos de estudo e trabalho árduo, mas é muito mais impressionante quando alguém de 27 anos ganha o prêmio, não é? Esse sentimento infeliz é propagado em todo lugar e é quase inevitável. Está nos filmes e nas músicas, nas revistas estudantis, nas propagandas e provavelmente na água também.

Para seu governo: recentemente, folheei uma revista na esperança de atualizar-me na cultura *pop* e encontrar amigas escritoras, quando me deparei com uma propaganda de canetas que tomava toda a página. O anúncio trazia cinco canetas de valores e estilos cada vez mais aprimorados, junto com uma linha cronológica que ilustrava a ascensão espetacular de um jovem executivo, nos anos entre a formatura da faculdade em 1987 e o ano de 1996, que quando leva sua empresa a público (e claro que assumimos que se trata de um homem), fica incrivelmente rico e consegue aposentar-se bem cedo. O ponto alto da propaganda é que tanto a primeira e humilde caneta esferográfica quanto a última caneta tinteiro feita em ouro são usadas pelo mesmo jovem executivo para escrever um diário enquanto viaja pela Europa. Sacou?

E tudo que eu pude ver foi a data da formatura, 1987, exatamente o mesmo ano em que me formei na faculdade (depois de atravessar os cinco anos do curso), e o fato de que, em 1996 ou 1998, eu não tinha a menor chance de comprar canetas de 400 dólares.

Não é que eu fique muito tempo meditando sobre canetas, mas a propaganda me deixou irritada com elas. Afinal, por que não conseguia pagar uma caneta de 400 dólares? Isso não era justo. De acordo com a propaganda, as pessoas da minha idade estariam nesse momento decidindo entre comprar a Du Point Gold Tippe azul, ótima para assinar os contratos milionários, ou a caneta tinteiro Trident III Heat-Seeking Fountain de platina, que combina com a nova BMW. Estava claro que se ganhava muito dinheiro e que os itens de luxo eram consumidos pelas massas, mas não por mim. Fiquei pensando qual era exatamente a mensagem que deveria ser extraída dessa propaganda. Agradecer a Deus por nunca ter aceito aquele estágio como revisora de propaganda dez anos atrás? Ou que sou uma fracassada porque tenho mais de 30 anos e ainda escrevo com as canetas que roubei do trabalho? Com certeza, a última opção.

Você deve se isolar de tais pressões da mídia. Pode ser difícil, porque para evitar ouvir ou ver colegas mais bem-sucedidos do que você, terá de viver numa bolha (sem TV). Mas aqui estão algumas sugestões úteis que desenvolvi para ajudá-la nesse processo e ainda manter seu apartamento, TV e a assinatura da sua revista preferida.

- Evite todos os encontros de ex-alunos, isso é imprescindível. Embora tenha 100% de certeza de que tive uma vida mais agitada e atraente do que minhas colegas do colegial (que em sua maioria vive em *trailers* e tem filhos crescidos), eu não quero pagar 80 dólares e voltar para o hotel da minha cidade natal só para ter certeza, porque isso só me levaria a um sentimento de culpa por ter me saído melhor. Além do fato de que a confiança que conquistei, depois de 15 anos longe da cidadezinha odiosa em que cresci, desapareceria assim que eu atravessasse as portas do salão da reunião de ex-alunos. Não importa quanto meus óculos escuros fossem, não importa quantos cigarros eu fumasse com impaciência, eu voltaria imediatamente a ser a velha Julie Tilsner, CDF de óculos, aparelho nos dentes e na coluna e a cara enfiada em um romance de ficção científica. (Tipicamente, as CDFs de hoje gozam do *status* de melhores entre os melhores, mas, como o computador pessoal só foi lançado quando me formei no colegial e a Internet ainda não existia, as garotas como eu ainda eram gozadas enquanto atravessavam os corredores do colégio.) E, nessa situação, sentava-me todas as noites vendo retratos dos filhinhos das pessoas, ouvindo histórias de famílias e me questionando sobre todas as escolhas que tinha feito até aquele momento. A menos que fosse a rainha do baile, uma reunião de ex-alunos provavelmente daria na mesma. Mesmo se você fosse a rainha do baile, todos só perguntariam por que você ainda não tinha se tornado âncora de um jornal como tinha planejado, e você sairia dali tão deprimida quanto o resto de nós.

- Cancele a assinatura de todas as revistas estudantis, pois elas não servem de nada para sua auto-estima nessa idade. Você só vai sentir desgosto por ver pessoas mais bem-sucedidas do que você (aqueles que eram completos idiotas na época) ou aquelas que já têm filhos. Você se lembra da minha prima? Aquela com a vida cor-de-rosa em New Hampshire? Ela me disse recentemente que ficou sabendo, através da revista estudantil, que uma mulher com a qual competia na faculdade tinha sido finalista do Prêmio Pulitzer. Por outro lado, a única competição em que minha prima chegou à final foi no Prêmio da Mulher com Menos Tempo para Dormir, pois havia acabado de ter seu segundo filho. "Fiquei deprimida por um mês", confessa ela.

- Seja seletiva quanto às informações que recebe. Sempre que ouvir notícias sobre um colega que a deixem morrendo de inveja, bloqueie essa informação imediatamente. Isso se torna incrivelmente fácil quanto mais você praticar, e verá que isso pode ser um ótimo substituto para os narcóticos nos momentos de realidade mais dolorida. Por exemplo, suponha que você seja uma professora batalhadora que, certo dia, abriu o jornal e leu que algum Neandertal que você conheceu na faculdade, aquele que tinha abandonado tudo para ir para Hollywood, está ganhando meio milhão de dólares para escrever aquela *porcaria* que passa no canal de entretenimento da TV. Você vai querer bufar e xingar a vida por ser tão injusta, mas isso é apenas desperdício de energia. Bloqueie a informação e visualize algo melhor, como convencer sua amiga que trabalha em uma das corporações gigantescas que patrocinam seu programa a fornecer-lhe algumas folhas de papel timbrado da empresa para que você falsifique algumas reclamações que, com certeza, serão levadas em conta pela equipe da rede de TV. Opa! Será que eu sugeri algo ilegal? Desculpe-me.

- Desenvolva a leitura dinâmica. Sempre que pegar o jornal ou a revista, procure rapidamente as idades e advirta seus olhos contra qualquer artigo com pessoas na faixa etária entre 21 e 35. Aprenda a localizar combinações problemáticas de palavras como "vinte e poucos" e "estréia brilhante" e, com certeza, qualquer coisa com "cinco dígitos". Do mesmo modo, quando estiver frente a frente com a garota que conseguiu a promoção no seu lugar, peça licença e vá ao banheiro imediatamente. Diga que sente enjôos pela manhã.

No Comando CDFs

Drue Miller, webmaster, CDF, parte da juventude cibernética que povoa São Francisco. Ela não é o tipo de garota que deveria se importar com os 30 anos, exceto pelo fato de que, até os 26, não era nada do que descrevi acima – o que será que a fez mudar sua maneira de pensar para realmente ter uma vida decente antes dos 30?

Drue Miller, uma garota de classe média, nascida e criada na Pensilvânia, sempre sonhou com grandes realizações, mas nunca ousou fazê-las. Ficou perto de casa a vida toda, escolhendo até mesmo a universidade local, porque não teria de ir longe demais e poderia viver com os pais de graça.

Embora tivesse cursado a faculdade de Letras, andava com viciados em computação porque seu namorado era um deles e porque, bem, ela também gostava de computadores e de viciados. Depois da faculdade, arrumou um bom emprego como designer gráfica e foi morar com o namorado. A vida deles era monótona: chegavam em casa do trabalho, assistiam à TV, jantavam e iam dormir às 23 horas. Nos finais de semana, ela recortava os cupons de desconto dos jornais e ia fazer compras no supermercado.

Drue e seu grupo adorável de viciados em computadores começaram a ouvir histórias sobre a Terra Dourada da Alta Tecnologia – o Vale do Silício – na Baía de São Francisco. "Todos sonham em viver na Califórnia", diz. "Imagina-se que ali podemos ser o que quisermos – qualquer tipo de vida alternativa que se possa imaginar era possível em São Francisco". Também havia um atrativo para a galera da tecnologia – a garantia virtual de um emprego excitante e lucrativo. Depois que vários amigos conseguiram empregos por lá, ela decidiu arriscar-se também. "Percebi que aos 26 anos tinha passado a vida toda na cidade onde nasci", diz. "Achei que se não me arriscasse acabaria ficando lá para sempre". Então enviou 180 currículos.

Um deles chamou a atenção de um empregador, e logo Drue teve a oportunidade de se mudar. Ela, o namorado e alguns velhos amigos dividiram uma casa em Marin County, onde, de acordo com Drue, dá para viver como na Pensilvânia, com muitos cupons de desconto e noites gastas na frente daquela caixa preta imbecil.

Como qualquer pessoa da era hippie poderá falar, São Francisco tem um jeito especial de dizer aos seus cidadãos que expandam seus limites pessoais, e Drue Miller sabia disso. Portanto, não questionou nada quando, por exemplo, sentiu-se atraída por mulheres pela primeira vez. Ela mergulhou de cabeça e provou do fruto proibido.

Naturalmente, seus experimentos não caíram nada bem com o seu namorado. Não demorou muito para que os dois seguissem caminhos diferentes, ou melhor, ele ficou exatamente onde estava, e Drue foi procurar seu verdadeiro eu.

A Drue que se encontrou tinha casos tórridos com outras mulheres, homens e quedinhas por homens gays. ("Muito interessantes", conta.) O emprego que a levou até a Califórnia deixou muito a desejar, mas logo, como acontece nos círculos de tecnologia, surgiu algo melhor. Graças à sua escolha de amigos na faculdade, ela nunca se sentiu tímida perto dos computadores nem da nova tecnologia. Quando ficou sabendo do nascimento da World Wide Web, imediatamente viu quanto poderia ganhar usando suas habilidades de designer gráfica e seu talento com as palavras. No próximo emprego, descobriu que as grandes empresas pagariam muito bem às pessoas que dominassem os segredos da web. E foi assim que Drue Miller se tornou o que é chamado em São Francisco de webmistress.

É difícil imaginar a Drue como uma garotinha legal e esperta da Pensilvânia quando a vemos em São Francisco. A primeira coisa que chama a atenção hoje em dia são suas botas de motoqueira bastante audaciosas, além dos cabelos loiros, quase brancos. Ela vive com o namorado (hetero, certo, mas sete anos mais jovem e a cabeça por trás da revista *Fray*, na web) e anda pela cidade na sua moto com a placa que diz "GEEKGRL". Parece não existir muito vestígio da velha Drue que ficou na Pensilvânia.

"Acho natural que as mulheres se desenvolvam com a idade", diz. "Se não melhoram a auto-estima, pelo menos entendem melhor quem são na verdade. Assim, mesmo que eu ainda tenha momentos ruins, não me sinto oprimida nem incapaz de controlar as coisas. Sinto como se tivesse um novo tipo de vida agora. Consigo rir dos problemas com mais facilidade".

Iluminação

Achei que sentiria tédio por ter vindo da agitada Manhattan para uma fazenda comunitária. Na verdade, foi o oposto. Apesar de a vida de um voluntário no kibutz ser um "longo e interminável dia", é uma excelente oportunidade de olhar para o horizonte com alegria. Houve dias em que minha ação mais ambiciosa foi atravessar o kibutz até a Agência de Correio para comprar selos. Se o que eu queria era tempo para desintoxicar e pensar, então era isso que tinha conseguido. Com a mente limpa, sem distrações de qualquer tipo, era capaz de passar toda a minha vida a limpo. Tinha 30 anos de idade, era solteira, não possuía nada, mas tinha estudos e certas habilidades para competir no mercado. Estava livre para ir a qualquer lugar ou fazer aquilo que quisesse – se conseguisse descobrir o quê.

A resposta não veio facilmente. Durante dois meses, meu cérebro parecia desligar sempre que eu me perguntava: "O que você quer fazer da sua vida?" Eu simplesmente sabia que não queria nada daquilo que estava fazendo, mas isso deixa um leque enorme de opções. E o que era verdade na hora das compras também era verdade nessa situação: fiquei paralisada diante de tantas opções e incapaz de escolher uma. Mantive minha fé de que esse tempo longe da vida real me traria algum tipo de perspectiva, talvez uma luz – tudo o que eu precisava fazer era manter a mente limpa e sem pressa. Então, todos os dias eu cumpria meu turno na fábrica, fiz amigos no kibutz e me dava bem com os imigrantes russos que não sabiam falar uma só palavra de inglês e tinham um pouco mais de conhecimento de hebraico do que eu. Gostava de me sentar com os outros voluntários no refeitório comunitário, tomando um café horrível e fumando vários cigarros israelenses diabólicos. Todos os dias, eu brigava pela última cópia do *Jerusalem Post*, um jornal em inglês com uma tendência decididamente de direita, com Luke, um inglês que já estava no kibutz há meses quando cheguei lá. Toda quarta-feira, o jornal publicava o *New York Times Week in Review* – o único vestígio da minha vida anterior que eu ainda mantinha, mas, como cerca de 50 voluntários só recebiam cinco cópias do *Post* todos os dias, eu tinha algo pelo que negociar. Cigarros, chocolate, dinheiro, qualquer coisa. Luke e eu fizemos um acordo de compartilhar qualquer cópia que conseguíssemos, assim poderíamos discutir por causa das colunas de Thomas Friedman. Naturalmente, começamos a nos sentir atraídos. E daí que ele era seis anos mais novo do que eu?

Lentamente, fui abandonando tudo aquilo que acreditava sobre mim. Questionei todos os valores que carregava, todos os objetivos que perseguia. O que eu pretendia com a minha ambição que me fazia pisar nas pessoas que amava? Cobiçava coisas materiais? Poder? Fama? E, se assim fosse, para quê?

Quando vi a verdade, parecia tão simples que quase não percebi que essa era a resposta que procurava. Eu estava sentada com outros voluntários, ouvindo um inglês e um americano discutir por causa de um jogo de xadrez. Eu adorava isso – fazer parte de uma comunidade. Adorava cumprimentar os outros voluntários com "*Boker Tov!*", que significa "Bom dia!", enquanto seguia com as minhas obrigações diárias. Em resumo, como poderia resgatar esse sentimento de fazer parte de algo para minha própria vida? Bastante simples, poderia voltar para a Califórnia, onde minha família e amigos estariam. Se gostava de viver na cidade, mas não queria estar longe daqueles que amo, por que não viver em São Francisco? Eu queria ter uma vida e não igualar mais minha vida ao meu trabalho. Afinal, era escritora, certo? Por que não poderia escrever? Por que teria de fazer parte de uma equipe em alguma empresa? Claro que a experiência me disse que essa linha de pensamento só me levaria à fome, mas, com um certo ajuste na minha atitude (ajustar meu estômago para o trabalho temporário, por exemplo), isso poderia dar certo.

Depois de tomar essa decisão, senti-me mais leve e mais centrada imediatamente. Foi como sair da fábrica todo dia de manhã sabendo que o trabalho tinha terminado e que o café da manhã esperava por mim. De repente, parecia que meu tempo ali era ainda mais precioso, mais limitado. Agora que tinha um rumo a seguir, sabia que esse tempo livre acabaria em algum momento.

Fiquei no kibutz cerca de seis meses, e já era quase julho, mês em que Israel fica cheio de turistas e faz muito calor. Do grupo de voluntários que conheci bem, a maioria já tinha se mandado e no lugar veio o grupo que eu temia – jovens de 18 anos. Os jogos de xadrez tinham dito adeus, bem como as longas discussões de grupo na varanda e o sentimento de que fazia parte daquilo. Parecia que esses garotos só queriam fazer festas e dormir uns com os outros – que é exatamente o que tínhamos feito, mas de maneira mais sutil. Luke tinha voltado para a Inglaterra há dois meses. Não havia razão para continuar ali. De qualquer modo, tinha recebido um convite para ir ao Chipre encontrar alguns mergulhadores que conheci em uma balsa na Grécia. Parecia um bom momento para me encontrar com eles.

De Chipre de volta à Grécia, da Grécia à Turquia, da Turquia à Itália, onde me encontrei com Luke novamente. Da Itália de volta à Inglaterra. Tudo isso com menos dinheiro do que a maioria dos profissionais leva para casa no final do mês. Quando Luke e eu voltamos para Londres, apertados no banco de trás de um ônibus noturno que ia para Bruxelas, eu estava realmente quebrada. Passamos semanas miseráveis vivendo com seu salário de fome e tentando ficar o mais longe possível da mãe dele, a dona do apartamento em que estava morando. Procurei trabalho em Londres, mas sem muita convicção porque sabia que precisava voltar para os Estados Unidos e começar o processo de volta a São Francisco. Por mais que amasse Luke, eu não estava mais disposta a bancar a namorada dócil que suprime os próprios objetivos em função dos dele. Eu tinha decidido voltar para a Califórnia, então era para lá que iria, disse-lhe. Ele poderia vir se quisesse. Como se oferecer a um inglês uma vida na Califórnia fosse algum tipo de sacrifício.

4 Contagem Regressiva

Seu Futuro a Espera

Não existe a tal paz interior.
Só o nervosismo e a morte.

Fran Lebowitz

Senhoras e senhoritas, quero que todas peguem papel e lápis para fazer algumas anotações, porque este capítulo revela – ou pelo menos explica – a verdade sobre a maioria das realizações não concluídas até o 29º ano e por que você não precisa se preocupar com isso ainda, embora esteja convencida do contrário. São coisas que nunca tiveram muita importância até que você chegasse nos 20 e tantos anos, mais especificamente depois dos 29 (que é investigado mais adiante). É nesse momento que você vivencia uma maior clareza e percebe que as coisas não estão do jeito que você esperava que estariam quando tinha 19 anos e o mundo era seu.

Quase 30 Anos

Não foi exatamente um *annus horribilus* o da Rainha Liz, e, na verdade, se tivesse sido qualquer outro ano que não o 29º, eu poderia ter atravessado todos os 12 meses e resolvido fazer melhor no ano seguinte. Mas era o 29º ano e eu esperava algo mais. Imaginei que poderia colocar minha vida nos trilhos em apenas um ano para que pudesse enfrentar os 30 com alguma dignidade. Mas não era para ser assim.

Tive uma festa de 29 anos de arrasar, numa tentativa clara de mostrar certa cordialidade ao destino que me esperava. Convidei todas as minhas amigas e todos os ex-namorados que ainda falavam comigo. Dancei em cima das mesas, fumei charutos, abusei de drogas caras e ganhei vários presentes obscenos. Até peguei um pobre coitado que já estava me irritando com seu blablablá, levei-o para casa, mandei que calasse a boca e me servisse da maneira conveniente para uma mulher de 29. No geral, foi uma noite de sucesso. Eu não queria permitir que nem ao menos um pensamento negativo passasse pela minha cabeça naquela noite. Mas de manhã lá estava o primeiro pensamento: "Agora tenho 12 meses até chegar aos 30". Dois sinais de que isso não seria fácil se revelaram imediatamente: o proprietário colocou um bilhete debaixo da porta dizendo que o cheque do aluguel havia voltado; e o pobre coitado teve de sair correndo para tomar café com a namorada.

Minha intuição estava certa: meu 29º ano não seria o que eu esperava. O trabalho se arrastava sem nem ao menos um sinal de mudança na descrição do meu cargo. Tomei café na mesma padaria, não houve melhora nenhuma nas condições do apartamento e, no geral, não estava me saindo bem com os rapazes.

O verão foi especialmente ruim. Logo percebi que seria assim quando eu, uma colega de trabalho e um vizinho dela decidimos fugir do calor indo ao cinema. Parece que todo mundo em Manhattan teve a mesma idéia brilhante, então compramos ingressos para uma outra sessão e decidimos esperar as duas horas num bar ali perto. A placa do lado de fora prometia margaritas a 1 dólar.

Em um momento, não me lembro de quantas margaritas de pêssego já tinha tomado (eram muito boas e custavam apenas 1 dólar), comecei a tomá-las no meu sapato. O mesmo sapato que tinha estado no meu pé o dia todo, embora não pudesse afirmar se era o direito ou o esquerdo. Naquela hora, isso já não parecia nojento nem exagerado e o vizinho da minha amiga uniu-se às festividades usando meu outro sapato como copo para suas margaritas. Isso prosseguiu por mais duas rodadas, até que me dei conta que estava bebendo os drinques nos sapatos em plena tarde. Resolvi que era hora de ir embora, me esqueci completamente do filme e quase não consegui chegar em casa a quatro quarteirões dali.

Já em casa, achei que estava em condições mentais de ligar para o cara com quem tive um caso e que vivia em outro estado. Ele atendeu e disse estar de saída. "Para onde?", eu falei com um soluço, e esperançosa acrescentei: "Nova York?" Ele ficou mudo por um instante e então decidiu que ser frio e direto era a melhor maneira de responder e se livrar de mim: "Não. Eu tenho um encontro." Isso não apenas me deixou sóbria como também revirou meu estômago. Desliguei o telefone não para ser dramática, mas para tentar levantar do pufe e dar dois passos até o banheiro antes de vomitar. Consegui chegar até a metade do caminho e só sujei metade do meu vestido. Durante a próxima hora, fiquei largada nos braços frios e fortes do banheiro entre vômitos e soluços. Que droga! Eu já tinha 29 anos e era velha demais para tomar margaritas nos meus sapatos em uma tarde de sábado; velha demais para bancar a idiota com caras que não estavam interessados; velha demais para tudo isso. Eu precisava ter uma vida!

E assim começou meu ano, que terminou de maneira ainda pior. O momento mais baixo da minha vida veio no próprio final de semana do meu 30º aniversário, que todo ano cai no feriado do Dia do Trabalhador. Aquele verão prometia ser o mais quente de todos os tempos, e eu, sem casa na praia e sem saber como pegar o metrô para chegar a qualquer praia. Nessa época, eu tinha conhecido outro cara que vivia em New Jersey, uma pequena distância se comparada à antiga viagem de duas horas em um avião. Ele era capaz de me irritar e me surpreender ao mesmo tempo, mas gostava de sair para jantar com freqüência e assim eu matava dois coelhos de uma só vez. Estava claro que estávamos perdendo tempo um com o outro à espera de algo melhor.

Durante uma semana especialmente abafada, decidimos sair da cidade de qualquer maneira e fizemos uma lista de todos os amigos que conhecíamos fora dali. Minha prima, que vivia na área rural de New Hampshire, foi a vencedora e, com seu consentimento, fizemos planos de visitá-la num final de semana muito próximo do meu 30º aniversário.

Em retrospectiva, essa não foi a melhor maneira de levantar a minha auto-estima. Minha prima e eu tínhamos sido como irmãs na infância e depois nos tornamos rivais para toda a vida. Os seios dela surgiram primeiro; eu beijei primeiro. Sua coleção de cavalinhos de plástico era maior, mas minha permanente de cabelo tinha ficado melhor. Na faculdade, nós duas fizemos jornalismo e sonhamos com o Prêmio Pulitzer como quem sonha com um Oscar. Aos 20 e poucos anos, seguimos caminhos diferentes e nos separamos cada vez mais, e, nesse momento, que Deus me perdoe, eu a odiava por ter tudo aquilo com que eu sonhava: marido, casa, filhos, cães obedientes. Seu marido também não era um homem qualquer, era o Último Homem Decente. Era gentil, trabalhador, honesto, engraçado e bonito. Era bem-sucedido nos negócios da família e foi capaz de construir pátios inteiros de pedra para enfeitar seu terreno de três hectares. Quando a compraram, a casa era antiga e eles fizeram reformas durante muitos anos – hoje a casa é um sonho, com um toque de classe e bom gosto, cheia de objetos antigos, sem ostentação e bastante confortável. Eu esperava que sua filha de 10 meses fosse o estereótipo perfeito da criança que chora a noite toda e esfrega comida pelas paredes. Mas, para me deixar ainda mais maluca, ela era o oposto. A menina parecia um querubim, sorridente, erguia os braços com tanta freqüência para que eu a abraçasse que quase comecei a amamentar. Além do mais, os três cachorros enormes que tinham eram bem comportados e ficavam no jardim, onde o marido cultivava legumes e verduras para o jantar.

Em resumo, o final de semana foi um pesadelo de autopiedade. Enquanto dormia ao lado do meu namorado no quarto de hóspedes (sob colchas maravilhosas), violei vários mandamentos ao cobiçar tudo o que minha prima tinha, ao odiá-la por isso e odiar-me por ter me transformado nessa tola. Eu deveria ter ficado feliz por ela, mas em vez disso só podia pensar que ela era capaz de ver através da minha tentativa de fazer com que minha vida em Manhattan parecesse atraente; certamente, ela sabia muito bem que eu voltaria para um trabalho aterrador, um quarto frio e uma secretaria eletrônica sem recados.

No final do domingo, minha prima me deu um broche com os dizeres "Os 30 Dóem", um presente que alguém tinha dado ao seu marido, que completou 30 no ano anterior. "Você não fica ofendida, né?", piscou. Ela podia fazer isso porque tinha acabado de fazer 29 e já tinha um marido, bebê, uma casa e horta.

"Claro que não", menti, enquanto meu namorado, que tinha 26, desviou o olhar. Claro que me senti a mais miserável das mulheres.

Pelo menos, não estava sozinha nesse sentimento, minha colega de quarto sentia a mesma coisa. Freqüentemente, estávamos sem namorados e, quando uma de nós conseguia um pouco de amor no mês (ou pelo tempo que pudéssemos agüentar), a outra ficava emburrada ao ver os amantes saírem felizes do ninho de amor pela manhã. Durante o inverno, passávamos as noites juntas na frente de um aquecedor, um pouco maior que uma caixa de cereais, para nos mantermos aquecidas, já que o calor era misteriosamente incapaz de espalhar-se pela sala. De manhã, agachávamos na frente de uma lâmpada para melhorar o humor, algo feito por um ex-namorado com o intuito de curar o transtorno emocional próprio da estação, e depois bebíamos várias xícaras de café para nos mantermos vivas. Todo sábado, eu abria a seção Estilo do *New York Times* e vasculhava os proclamas matrimoniais, atrás de pessoas conhecidas (sempre havia pelo menos uma) para fazer a comparação de aparência, criação, educação, carreira e, claro, idade. Prestávamos, especialmente, atenção em todos os homens de 33 que se casavam com garotas de 24. Prometemos que, quando uma de nós ficasse velha e morresse sozinha e sem amigos, a outra avisaria as autoridades para que os vizinhos não tivessem de encontrar os corpos em putrefação no apartamento alugado.

Era durante momentos como esse que invariavelmente a gente suspirava e perguntava o que tinha acontecido com todo aquele nosso potencial de juventude que havia na formatura da faculdade e como nunca pudemos imaginar que a vida acabaria assim. Claro que uma incentivava a outra, dizendo que dali a cinco anos olharíamos para trás dando boas risadas de tudo isso, mesmo que não fosse nada engraçado naquele momento.

Recentemente, minha amiga me lembrou do nosso mantra. Dizíamos: "Se ao menos eu tivesse uma bola de cristal que me desse a garantia de que, em algum momento, realmente casarei e terei um bebê, então poderia relaxar e ser uma solteira feliz em Nova York".

É, me lembro disso, e da idéia que estava por trás, de que não queria estar casada e com filhos naquele momento, mas algum dia. E completar 30 anos sem nada disso só me deixou mais desesperada e insegura de que um dia tudo aconteceria. Como agora os anos corriam, voavam, tudo o que queria do cosmos era uma certa garantia financeira. Parecia minha obrigação no final do século XX.

Claro que tudo aconteceu no seu devido tempo, mas eu, cada vez mais preocupada, achava que nunca chegaria lá. E assim passei meu 29º ano em absoluta miséria, falando para mim mesma tudo aquilo que eu não tinha ao comparar-me com outras pessoas e criando listas e listas de objetivos para aquele ano, listas que ficavam perdidas debaixo do pufe e, conseqüentemente, nunca se realizavam. Acho que a única coisa boa que fiz naquele ano foi começar a perceber que algo precisava mudar e que isso só dependia de mim.

De qualquer modo, aquela bofetada inicial no aniversário de 29 anos foi providencial.

Dez: A Inauguração com o 29º Aniversário

A contagem regressiva começa hoje, então é melhor a festa ser boa. Melhor ainda se você não puder se lembrar dos detalhes, mas, se puder, melhor que os detalhes incluam todas as suas melhores amigas, bebidas destiladas caras e baratas circulando pela mesa, presentes de natureza sexual e a firme resolução de colocar a vida em ordem.

Na verdade, há várias maneiras de celebrar seu aniversário inaugural. Uma delas é garantir que use até a última gota de todo o deboche da última década nessa noite, até encher o tanque. Outra maneira é ficar de luto, o que, apesar de estar mais de acordo com algumas garotas, estraga qualquer festa.

Eu prefiro uma terceira opção: uma festa temática. Se a idéia é lançar-se ao último dos seus 20 anos, por que não explorar algumas das idéias centrais que povoaram essa década? Eu gosto da idéia de uma festa "brega", assumindo que você ainda se encaixe a nisso.

Ou que tal o "baile das solteironas", repleta de vestidos de madrinhas de casamento dos últimos dez anos. (Afinal, você pode encontrar algum uso para eles, certo?) Um tema ideal para abalar a estrutura é "vista-se como imaginaria estar agora". Não se esqueça das bebidas, pois elas nunca foram tão importantes.

Se seu aniversário inaugural se transformou em um daqueles finais de semana perdidos, lembre-se de que é apenas mais um deles. Haverá tantos no futuro que dará tempo para você se acostumar.

Há várias áreas bem conhecidas do processo de envelhecimento que você pode começar a sentir no seu 29º aniversário. Eu sei que as garotas estão prontas

> **Presentes Adequados para o Aniversário Inaugural de 29 Anos**
> + Uma assinatura de uma revista feminina
> + Um pote do creme Retin-A para rejuvenescimento
> + Drogas personalizadas
> + Uma assinatura de um ano do catálogo da Sex Shop
> + Título de sócio de uma agência matrimonial

para perder o humor com essas mudanças físicas, mas eu peço compreensão e resignação. Prove sua maturidade agindo da seguinte maneira: não grite com o seu namorado quando ele apontar para suas linhas de expressão em torno da boca. Não deixe que o fato de seu último machucado em um acidente na patinação ter demorado quase 3 meses para curar a impeça de colocar os patins novamente. Conserve o bom humor, pelo amor de Deus.

Nove: O Primeiro Cabelo Branco

Desculpe-me, mas se você está beirando os 30 e só agora descobriu seu primeiro cabelo branco, bem, você pode beijar minha caixa de L'Oreal. Não gosto muito de você, pois meu primeiro fio branco foi arrancado da minha cabeça aos 21. Eu estava na sala do jornal da minha faculdade, como me lembro, e uma das fotógrafas (tinha de ser uma delas) parou atrás de mim e gritou vitoriosa enquanto arrancava o fio: "Tilsner tem cabelo branco!" Enquanto as piadas corriam soltas, eu esbravejava, dizendo que alguém naquela pocilga tinha de se preocupar com as coisas, certo? Nessa época, eu ainda era jovem demais para achar que era o tipo de garota que nunca tingiria os cabelos. As mulheres pintavam os cabelos, minha mãe pintava os cabelos, mas eu não.

Quando cheguei aos 27, pintava os cabelos regularmente, principalmente (convencia-me) para cobrir a cor "castanho-rato". Hoje em dia, as pessoas conseguem ver o cabelo grisalho através da tinta, e minhas raízes – Deus me Livre! – nunca verão a luz do dia, pois indicam que vou continuar pintando meus cabelos até que esteja pronta para encarar o papel de Vovó Julie.

Mas, se essa descoberta é nova para você, pegue leve. Não encare isso como um sinal de envelhecimento, encare como, sei lá, uma mudança bem-vinda na textura do cabelo. Além do mais, conheci várias garotas que simplesmente deixaram os cabelos brancos tomarem conta, obtendo resultados fabulosos. Uma em especial usava os cabelos de um loiro grisalho até a cintura e ficou o máximo. Os cabelos conferiram-lhe um ar mais jovial, irresistível aos homens, e ela era constantemente seguida por um ou dois pobres enfeitiçados.

Oito: A Primeira Ruga

Não há nada de engraçado. As rugas podem ser interessantes como um tipo de experiência biológica até que esteja com 29 anos, quase 30. São aberrações. Quer dizer, você acabou de se livrar das marcas de espinha e agora isso?

Repita este mantra: *As francesas gastam todo o seu orçamento em maquiagem ou produtos para o rosto*. Você deve começar a fazer o mesmo. Pode ser difícil se você, como eu, deixou de usar maquiagem pesada no colegial e agora descobriu que um pote de creme facial de qualidade custa mais de 100 reais, o que é duas vezes o seu orçamento para maquiagem no ano. Gaste com sabedoria.

Seja lá o que fizer, não comece a achar que pode reverter as ações do tempo com atitudes estúpidas como parar de sorrir. As linhas de expressão em volta da boca e os pés-de-galinha ao redor dos olhos são como as baratas na cozinha. Quando você chega a vê-las, é sinal de que vieram para ficar. Agora é o momento de ler todos aqueles livros que mostram como outras culturas, não a nossa, admiram as rugas. Agora é o momento de parar de comprar aquelas lâmpadas de 1.000 watts para colocar no espelho do banheiro. Agora é o momento de começar a usar protetor solar religiosamente.

Também devo dizer que é a hora da vingança contra aquelas garotas do colegial e da faculdade que ficavam bronzeadas em poucos minutos enquanto você precisava do verão todo. Se você, como eu, era alvo de zombaria na praia por parte das suas amigas mais dotadas de melanina, sinta-se à vontade para rir, e bem alto. Aquelas ratas de praia, que usavam óleo para bronzear, biquíni fio-dental e riam das nossas pernas brancas e rostos sardentos, agora desejam nunca ter passado tanto tempo na praia nem tanto óleo no corpo. Quando você cruzar com essas garotas na rua agora, faça questão de cumprimentá-las com dois beijinhos aéreos nas bochechas. Depois, faça questão de confundi-las com suas mães em voz alta. Sei que isso é algo horrível de fazer, mas lembre-se da Branca de Neve, esse é o meu lema.

Sete: A Primeira Vez Que Seus Ossos Dóem

Um dia você vai acordar e perceber que sente dores que nunca tinha sentido antes. Naturalmente, seu primeiro pensamento será que está sofrendo de câncer nos ossos – e o que mais pode acontecer? Provavelmente, não é câncer nem meningite e nem nada do gênero. Não. É apenas o processo de envelhecimento batendo à sua porta. Chegou a hora em que você não pode mais fingir que seu corpo não se importa com o que você faz com ele. Agora seu corpo clama por vingança.

"O que me assusta agora é que, quando vou esquiar e caio, me machuco de verdade", diz Christy Harbreggar, 30. "Será que sempre me machuquei assim, mas nunca dei importância? Sofri um acidente feio esquiando, há poucos anos, e agora meu joelho é ruim. E isso parece coisa de gente velha, 'meu joelho ruim'."

Desculpe-me, senhoras, mas as dores vieram para ficar. Essa é uma boa hora para procurar aquelas aulas de yoga que você vem adiando desde a faculdade ou matricular-se na hidroterapia. Esses são bons exercícios físicos que não pioram nada. Nada precisa realmente mudar (exceto para, como vimos, as bailarinas e as atletas – provavelmente as dublês também), só tenha em mente que você precisa ser um pouco mais gentil com seu pobre corpinho que não tem mais 22 aninhos.

Só para que fique claro: é sábio guardar seu sofrimento para si. Você não quer acrescentar uma prova verbal para que todos saibam que está envelhecendo. Quando estiver se matando para agüentar a competição no piquenique anual da empresa, ou estiver curtindo a quarta semana de dor por causa de um tornozelo torcido, simplesmente sorria e invente uma desculpa para sua lentidão, como ter dormido pouco na noite anterior por causa do deus grego com quem está namorando. Nunca, em nenhuma circunstância, se permita assumir publicamente que não é mais tão jovem. Não se diz tais coisas até que realmente aparente ter mais idade, que para a maioria de nós, exceto as mais estressadas, não acontecerá no próximos dez ou quinze anos. Lembre-se do que Confúcio disse: "Um sábio sente muito, mas diz pouco". Ou algo parecido.

Seis: Perda do Metabolismo

O que falarei agora não é para nutrir nem inspirar o ódio, mas somente para fazer uma antecipação. Portanto, leia até o final desta etapa antes de me julgar e arremessar este livro ao chão.

Sempre fui uma mulher magra e essa magreza começou a se manifestar em um corpo que se recusava a amadurecer até o colegial, o que para mim era motivo de muita tristeza. Minhas pernas eram tão finas que os garotos riam sempre que tinha de mostrá-las, o que acontecia com maior freqüência do que eu desejava, pois fazia parte da equipe de ginástica e tinha de usar aqueles shorts ridículos metade da semana. Na época, minhas amigas passavam o dia todo sem consumir nada além de suco de frutas porque acreditavam ser saudável e isso colocava sua força de vontade à prova. Eu segui esse exemplo até desmaiar por causa de falta de açúcar no sangue e ir parar na cama, enquanto meu pai, 1,90 metros de altura e nenhuma gordura no corpo, dava lição de moral sobre o porquê de eu não poder passar o dia sem me alimentar corretamente como a maioria das garotas. "Você não tem gordura no corpo", dizia, entregando-me um suco de laranja e um sanduíche de ovo frito. Eu era uma magricela.

Melhorei na faculdade. Ainda era magricela, mas meus seios tinham crescido, a cintura afinado e meus quadris chamavam atenção. Durante a maior parte da minha segunda década, pude aproveitar um corpo que permanecia naturalmente magro, independente da quantidade de comida que eu ingeria e dos poucos exercícios que praticava. Isso me colocou junto à minoria das jovens que estavam satisfeitas com o peso do corpo, e na verdade nunca tinha pensado nisso. Eu imaginava que todas as garotas precisavam ter, pelo menos, uma qualidade física com que estivessem realmente satisfeitas. Como não tinha sido abençoada com lindos cachos, uma pele lisinha e covinhas na bochecha, então não era mais do que minha obrigação conseguir me manter magra a ponto de entrar, aos 27 anos, em uma minissaia que tinha comprado aos 19.

Você me odeia? Não faça isso. Nada mais é verdade. Meu metabolismo natural saiu de cena exatamente aos 31 anos e nunca mais foi visto. Isso é algo que todos juraram que aconteceria, mas eu não acreditava. Eu guardei minha minissaia, reforcei a dieta por todos esses anos só para provar o contrário.

Mas aos 32 comecei a perceber que as barras de chocolate que eu comia com displicência estavam se acumulando nos quadris. Numa reunião de família, de repente, tive um momento de clareza e vi exatamente em que direção meu corpo estava indo – e nesse novo caminho não haveria lugar para minha minissaia. Hoje em dia, peso uns bons 10 quilos a mais. Não tenho nem a disciplina nem a força de vontade para me livrar deles. Na verdade, depois de anos ignorando completamente o estranho mundo das dietas e dos exercícios, tenho de dizer que as coisas não andam nada boas para aquele antigo corpo magrelo. Especialmente agora que tenho mais de 30 e toda vez que tento alongar as pernas acabo com uma distensão.

Agora, irmãzinhas, é que a piada finalmente recai sobre mim e minha família de magrelos. Todos aqueles anos em que desfrutamos de cremes maravilhosos e dos lanches da tarde, tudo poderia ter sido poupado para o dia em que nosso metabolismo nos deixaria na mão. Deveríamos ter desenvolvido a disciplina e a resignação. Deveríamos ter, pelo menos, aprendido a controlar a ingestão de calorias, mas não aprendemos. E agora, aos 30 anos, estamos pagando o preço.

A princípio, eu tentei ver o lado bom, tentei fazer as pazes com meu novo e excitante corpo de mulher "adulta", mas de algum modo isso não foi possível. Especialmente com todas aquelas calças penduradas no armário sem servir mais. Isso sem falar da minissaia. Talvez eu deva queimá-la.

Seu metabolismo também a abandonará. Se isso não acontecer e você ainda for capaz de comer tudo o que quiser e permanecer magra como era aos 22 anos, então você é uma ótima candidata para a osteoporose (só para dar a *você* algo com que se preocupar também).

Mas se você vem controlando o peso durante toda a vida e come com moderação, talvez até faça exercícios regulares, então agora é hora de se revelar. Finalmente, você está satisfeita com o corpo que ganhou no nascimento e todos aqueles defeitinhos que você odiou durante esses anos entraram nos eixos e logo você superará todos esses traumas.

Muito bem, você passou por todas essas primeiras experiências, mas agora vem a parte mais difícil: as grandes mudanças na vida que toda garota assume que acontecerão antes da magia do 30º aniversário.

Cinco: Casamento

As garotas da nossa idade sabem muito sobre o casamento bem antes de terem idade para vivenciá-lo. Deus sabe que a maioria dos nossos pais tem muita experiência no assunto, incluindo como se livrar do casamento. Portanto, é de surpreender que tantas de nós ainda tenham essa idéia romântica sobre o casamento, como algo que acontecerá um dia, de preferência logo, e que permaneceremos casadas até que a morte nos separe.

Na cultura popular do casamento – os fatos compreendidos que circulam nos grupos de solteiros – eles acontecem em três ondas. Existe a onda após a faculdade, todos aqueles pombinhos unindo seus trapinhos semanas depois da formatura, para alegria dos pais e o ceticismo de todos os demais. A maioria desses garotos já está pronta para o segundo casamento aos 30 anos, então sinta-se à vontade para acender a chama de qualquer relacionamento antigo. Depois, existe a segunda onda de casamentos, que geralmente atinge a grande massa entre os 25 e 28. Esses casamentos são um pouco mais fáceis de engolir por parte dos amigos que permaneceram solteiros. Há uma chance de que esses casamentos, temperados com alguns anos de experiência, possam durar mais. No entanto, você já começa a se preocupar. Depois da segunda onda, há uma calmaria entre os 28 e 32, época em que parece que ninguém casa, o que só vem a somar à sua suspeita que você perdeu o bonde completamente. Felizmente, tudo volta a se movimentar a partir dos 32, quando as pessoas começam a perceber que é hora de crescer e assumir algumas responsabilidades. A pressão dos amigos começa a funcionar com os rapazes nesse momento, impelindo até aqueles com maior fobia a relacionamentos sérios a encontrar a mulher certa para casar. Apenas viver junto depois dessa idade começa a assumir um tom de mau gosto.

Independente da teoria das três ondas, boa parte das garotas fica horrorizada ao chegar aos 30 anos sem um companheiro. Isso porque a sociedade as fez pensar que 30 anos é a idade em que são eliminadas de instituições como essa (talvez tenham medo de ficar de fora do esquema se envelhecerem mais um pouco).

"Toda mensagem cultural que recebemos, desde o dia do nosso nascimento, nos diz que ele é o lugar em que nós mulheres desabrochamos; onde finalmente nos tornamos "mulheres de verdade" e recebemos a aprovação social, o sexo santificado e a felicidade total", diz Dalma Heyn, autora do livro *Marriage Shock*, que pesquisou e escreveu sobre o casamento durante mais de 10 anos. "Existe a idéia de que não somos ninguém se estivermos solteiras. Esse mito nos diz que as mulheres solteiras – *solteironas* horríveis e temidas – estão condenadas à miséria e à solidão e vivem por aí arrancando os cabelos até que consigam agarrar um marido".

Credo! Vamos ser honestas aqui. O medo é tornar-se uma daquelas senhoras com dez gatos em casa. Ainda hoje, essa idéia está tão enraizada que quando vemos as mulheres mais velhas e solteiras, não importa quanto repleta e rica sejam suas vidas, supomos que por trás de tudo isso são mulheres infelizes e solitárias sem um companheiro. Talvez sejam, mas talvez não. Não podemos afirmar nada com certeza, não é?

Não ajudam em nada as pesquisas exageradas trazidas pela mídia, como uma que vi há alguns anos que dizia que uma mulher que chega aos 40 e ainda está solteira tem maior probabilidade de ser atingida por um raio do que de encontrar um marido. Quem acredita nessa besteira? Aparentemente, muitas mulheres acreditam, já que essa pesquisa supostamente científica recebeu mais espaço nos meios de comunicação do que a Segunda Guerra Mundial, e rapidamente assumiu seu posto no mito do casamento. Não dá nem para imaginar o número de garotas que passou a ingerir antidepressivos por causa dessa pesquisa.

Ah, engraçado eu ter mencionado isso. Veja só: de acordo com a estatística nacional, as mulheres casadas são três vezes mais deprimidas do que suas irmãs solteiras, e cinco vezes mais deprimidas do que os homens casados.

"Os homens têm sucesso no casamento", diz Heyn. "Emocional, física e psicologicamente. E ficam debilitados fora dele. As mulheres casadas e os homens solteiros são os dois segmentos mais deprimidos da população".

Então, você deve estar se perguntando: Para que a pressa?

Apesar do vestido branco e dos sentimentos de alegria quando pensamos na bênção nupcial, o casamento ainda é uma instituição inerentemente masculina. No livro *Marriage Shock*, Heyn descreve em detalhes sobre as expectativas que a sociedade tem em relação às mulheres que se tornam esposas e como, muitas vezes, essas expectativas acabam deprimindo garotas anteriormente felizes, independentes e divertidas. "O mito em que acreditamos é uma mentira com o intuito de atrair as mulheres a uma instituição que foi projetada para cuidar dos homens e das crianças", diz ela. "Isso não quer dizer que as mulheres não possam ser felizes no casamento, mas, sim, que – assim como o Exército e a Igreja – o casamento é uma instituição masculina. Se não compreendermos isso, nunca saberemos como transformar tal instituição em um lugar que cuide das esposas, assim como tem feito pelos maridos e pelas crianças".

Talvez ter 30 anos e ainda estar solteira tenha sido um grande problema na geração das nossas mães, onde tudo que se esperava das mulheres era que produzissem filhos homens e ótimos biscoitos natalinos. Mas hoje, quando a garota precisa estudar e sair por aí para munir-se de experiências, tanto no trabalho quanto na vida, 30 é uma idade relativamente jovem para se assumir que tenha encontrado aquele com quem espera passar o resto da vida.

As estatísticas mostram a sabedoria daquele que espera. Os estudos revelam que os casamentos realizados depois dos 30 têm uma probabilidade cinco vezes maior de durar vinte anos do que os casamentos feitos antes disso. Tenho certeza de que você já ouviu sobre essa estatística na prática.

Na verdade, assumindo que você está finalmente colocando sua vida em ordem, por que ia querer alguém que exija que você mude tudo por causa da carreira dele, assuma o nome dele e junte o dinheiro que poupou com tanto sacrifício com o dele? Diferente da geração das nossas mães, somos garotas independentes, obrigada. Concorde em se tornar a companheira de alguém, companheiros para a vida, mas nunca concorde em se tornar um apêndice.

Quando encarar as coisas dessa maneira, vai precisar de algum tempo para escolher uma pessoa com sabedoria. Aos 30, você está começando a perceber o que realmente deseja em um companheiro. Lembre-se de toda a diversão que teve durante seus 20 anos, toda a cerveja que bebeu dançando nos balcões dos bares e mostrando seus seios nos shows da Cássia Eller. Você poderia ter feito tudo isso se estivesse namorando com aquele tolo cheio de espinhas na cara, e com um carro Camaro na garagem, por quem você estava apaixonada no colegial? Acho que não.

Na realidade, a garota com 30 anos e solteira deveria ser esperta o suficiente para não se preocupar. Sim, às vezes nos sentimos solitárias. Sim, estar solteira pode ser divertido ocasionalmente, mas em geral nos deixa loucas. Sim, seria fabuloso encontrar o Príncipe Encantado e nunca mais ter de se preocupar com isso. Mas mesmo assim nos preocupamos.

"É o máximo fazermos coisas que nossas mães nunca fariam, mas ainda ficamos amedrontadas por termos 30 anos e não estarmos casadas", diz Andréa McGinty, 36, dona de uma agência matrimonial que sabe o que diz.

Além do mais, quando finalmente marcar a data, o monstro do casamento saíra correndo atrás de você, um temível fantasma da alegria conjugal que insistirá para que você gaste o seu salário, de um ano ou mais, nesse único dia ou nunca vivenciará o casamento como deve ser.

Nossa cultura tem um relacionamento de amor e ódio com o casamento. Cinqüenta por cento dos casamentos americanos acabam em divórcio e mesmo assim o mercado dos casamentos continua a ser uma indústria que movimenta bilhões de dólares. Essas enormes revistas de noiva nas bancas de jornais são verdadeiras enciclopédias de como gastar toda a sua herança no casamento dos seus sonhos.

Quantas amigas suas caíram direto na armadilha da festa de casamento? Até mesmo garotas sensatas sentiram repentinamente que era absolutamente necessário gastar três meses de salário num vestido que vão usar uma única vez e então entregá-lo às traças. Eu não acredito na idéia de que toda garotinha sonha com o vestido de noiva (eu sonhava em vestir qualquer coisa com saia rodada), mas essa é a única explicação que encontro para essa demência repentina. Por que outro motivo alguém em sã consciência acharia adequado gastar 2 mil dólares em um buquê de flores?

Conheço diversas garotas que juraram organizar cerimônias pequenas e acabaram gritando histericamente com o pessoal do bufê que colocou guirlandas verdes nos pratos em vez das azuis, que combinavam com os vestidos das madrinhas.

Não vamos nem falar dos vestidos das madrinhas.

Pessoalmente, sempre admirei as pessoas que se casaram na Capela do Amor de Elvis e seus equivalentes em Las Vegas, ou simplesmente foram até o cartório. Gaste uma fortuna na festa, na lua-de-mel e poupe o dinheiro da cerimônia para o divórcio.

Quatro: Bebês

Existem garotas que já têm filhos quando chegam aos 30. Mas isso não quer dizer que também não estejam em pânico com a chegada dos 30, só significa que estão em pânico duplo. "Completar 30 anos parecia menos importante em relação à gravidez", lembra-se Dawn Wallace, 31. "Mas, agora, tudo, o meu cansaço, a forma do meu corpo, está mais complicado pelo fato de ter tido o bebê. E a cada ano fico ainda mais velha".

Lembro-me de ter conhecido uma mulher que soube explicar exatamente aquilo que eu sentia quanto a ter filhos antes dos 30. Eu estava do lado de fora de uma galeria de arte, no bairro de SoHo, em Nova York, onde tinha acabado de participar de uma inauguração com alguns amigos que freqüentavam esse tipo de ambiente e que, decididamente, eram mais engajados do que eu, o que fez com que eu me sentisse especialmente vulnerável. Uma mulher muito bonita e seu marido, que era mais velho e tinha jeito de artista, cumprimentaram meus amigos e pediram desculpa por ter de sair mais cedo para liberar a babá. Isso deu início a toda uma conversa sobre filhos, o que levou a mulher a confessar que engravidou assim que se deu conta que completaria 30 anos. "Sei que parece bobeira", deu de ombros, toda loira e sorriso amigável. "Mas realmente senti que precisava ter um filho antes dos 30. Meu filho nasceu apenas dois meses depois do meu aniversário".

Essa história deixou minha amiga de 25 anos confusa, mas me levou diretamente para as profundezas do desespero, sabendo que eu não tinha, virtualmente, nenhuma chance de realizar tal feito, mesmo que me apaixonasse naquela noite.

Preocupei-me demais com nada. Ouça, apesar de ser verdade que o seu prazo é limitado para esse tipo de realização, isso é absolutamente praticável se você aplicar os fundamentos da confecção de listas. Se gerar um filho é o item mais importante da sua lista no momento, então faça acontecer. Não é porque o som do relógio biológico está cada vez mais alto que você vai morrer sem filhos. Isso só significa que precisará planejar adequadamente.

Claro que é possível que sejam necessários os próximos dez anos, até chegar aos 40, para que você conheça um homem digno de gerar uma família com você, mas também pode acontecer do dia para noite. Conheço muitas mulheres que foram de amantes solteiras para mães amorosas no espaço de tempo de um ano. Tal metamorfose ocorre o tempo todo, portanto, não há motivos para que não aconteça com você. A mulher realmente determinada pode realizar isso em menos tempo, tudo o que é necessário é a suspensão completa da descrença.

Além do mais, você ainda tem quinze anos pela frente, graças à ciência moderna. As profissionais, por todo país, esperam até que estejam com 40 anos (ou mais) para procriar, gastando milhares de dólares com remédios e médicos, tentando chegar a um estado que poderiam ter conseguido pelo preço de uma entrada de *drive-in* no começo dos seus 20 anos. Várias clínicas médicas são financiadas graças a essas mulheres. E lembre-se, se outras conseguiram, você também pode.

Também é preciso deixar que o destino faça sua parte quando você decidir que está mais ou menos na hora de ter um filho. Se estiver casada (ou não, mas com um parceiro responsável – já que isso é necessário) e um dia descobrir que o método anticoncepcional que você usa falhou e você está grávida, apesar de não estar pronta, veja isso como um sinal e siga em frente. Convença o cara mais tarde, afinal, o trabalho mais pesado não cairá sobre ele.

Debby Lovell, 32, acabou de descobrir que estava grávida mesmo sem ter planejado. "Sinto que chegou a hora de passar por essa experiência, hora de ter um filho", diz. "Não estou necessariamente preparada, mas chegou a hora. Tenho certeza de que meu marido vai ficar feliz".

Três: Casa Própria

Existem pessoas por aí – a maioria homens – que acreditam que para se tornar membro da vida adulta em pleno funcionamento é preciso encarar o financiamento da casa própria. Tenho que discordar, já que vivi toda a fase adulta em cidades onde o preço médio da moradia equivale a três vezes o que se pode ganhar durante toda a vida daqueles que, como eu, não se encontram em situações de investimento em bolsas de valores. A casa própria é um estado de espírito.

Há vários motivos para não querer a casa própria ou qualquer outra propriedade antes dos 30 anos. Vamos dar uma olhada nessa realidade.

(Nota: Aqui me dirijo àquelas garotas que vivem nas grandes áreas metropolitanas ou regiões em crescimento, já que não tenho experiência com um estilo de vida em áreas onde a moradia tem um valor razoável e a casa própria é uma rotina entre as pessoas com menos de 30. Estou falando com as garotas que gastam até 50% do seu salário líquido no aluguel e não conhecem outra maneira. Todas vocês que moram em outras regiões, por favor ignorem esta seção.)

Se você teve a sorte de herdar uma casa ou trabalha numa área que lhe permite comprá-la repentinamente, você será odiada por todos os seus colegas e automaticamente escalada para a reunião dos *baby boomers*. Você não pode ser uma de nós se fizer parte do grupo *deles*, e a casa própria a transforma em um deles mais rápido do que qualquer outra condição conhecida na terra. Herdar uma casa não deixa de ser uma ofensa, apesar de um pouco mais leve, aos olhos dos inquilinos, já que isso significa que seus pais não passam de *baby boomers* que lucraram com o baixo valor imobiliário da década de 60 e aumentaram os aluguéis nas décadas de 80 e 90 para o resto de nós.

Ter uma casa própria numa idade incompatível também levanta altas suspeitas por parte de todos os demais – mesmo outros adultos. E não é nada aconselhável chamar a atenção para suas conexões com o cartel da droga, seu fundo de garantia ou seu esquema de pirâmides de dinheiro.

Se a herança e o salário absurdo não fazem parte da sua vida, você ainda pode querer comprar uma casa, mas com certeza será no subúrbio mais longínquo e, quen sabe, uma réplica da casa pré-fabricada em que você foi criada. O local será algum bairro em desenvolvimento com um nome horrível como Vila Vintém ou Jardim Passo Longe, e você, em troca do preço mais acessível, terá de dirigir duas horas para chegar à civilização, onde fica o seu trabalho.

Em troca da casa própria, você também terá de abandonar todas aquelas idéias infantis a que nós nos agarramos com unhas e dentes. Não poderá mais sair da cidade a qualquer momento, nem decidir se filiar ao Exército da Paz sem que antes fique meses tentando descobrir o que fazer com a casa. Você passará os finais de semana fazendo pequenos consertos e logo estará preocupada com questões de adultos, como IPTU e seguro contra roubo. Em resumo, você terá se transformado no pesadelo da sua infância.

Um conselho para você: não faça isso. Adie essa aquisição até o dia em que possa morar onde deseja (é preciso esperar muito tempo). Ou convença-se, como eu fiz, de que o sonho da casa própria não existia até depois da Segunda Guerra Mundial, onde a moradia mais barata se tornou disponível para as massas que voltavam para casa e eram beneficiadas com empréstimos do governo. Antes disso, somente aqueles verdadeiramente abastados podiam ter suas próprias casas. Várias gerações viveram felizes em casas alugadas, e nós também podemos.

Dois: Um Prodígio de Menina

Vamos admitir: para a maioria de nós, garotas ambiciosas e centradas em nossas carreiras, a glória profissional só poderia ser alcançada e saboreada adequadamente se pudéssemos dizer que tudo tinha acontecido antes dos 30 anos. Em nada ajuda o fato de a mídia adorar um prodígio e nunca hesitar ao informar que fulano ou sicrano tinha apenas 26 anos quando produziu sua primeira peça de teatro ou que aos 28 era a mais jovem cirurgiã do Hospital Albert Einstein. Seu primeiro romance, basicamente, deu início a um novo gênero, o que o faz ser visto como o próximo Fitzgerald. No meu caso, descobrir que um autor de best seller nasceu em 1970 me deixa louca pelo resto da semana. E não apenas entre os escritores, mas qualquer área está repleta de prodígios com menos de 30 anos, um grupo do qual juramos fazer parte assim que terminamos a faculdade.

Mas agora é tarde demais. Você perdeu a chance de ser mencionada nos jornais locais como a menina prodígio da cidade. Para falar a verdade, acho que uma garota que passa mais do que poucos minutos pensando sobre isso deveria levar uns tabefes na cabeça com o jornal.

Uma das verdadeiras bênçãos de envelhecer é que você começa a vivenciar uma maneira mais relaxada de encarar os fatos da vida. A princípio, isso pode ser alarmante, especialmente para aquelas que passaram seus 20 anos saindo de um drama para cair em outro. Mas embora tenha achado que essa atitude era sinônimo de mediocridade e velhice quando tinha apenas 20 anos, você passará a apreciá-la assim que passar dos 30. É como um narcótico: é legal, toma conta do seu corpo e torna a vida mais fácil.

Isso não significa que você não se importa mais, só significa que você está sendo mais realista. Todas nós precisamos lembrar que essas mentes brilhantes sobre as quais lemos nos jornais correspondem apenas 0,01% da população. Estamos lendo sobre eles precisamente porque são essa exceção que se saiu extremamente bem numa idade tão jovem. O restante, que trabalha na obscuridade, não daria o que falar.

Por outro lado, além de um ou dois verdadeiros gênios (que de qualquer modo têm vidas sociais de péssima qualidade), pense no que é necessário para chegar ao topo na maioria das áreas, exceto pela música e Hollywood, que explicarei mais tarde. É preciso devoção, ambição nua e crua e obsessão que ofusca todo o resto. Esses não são atributos que geralmente conseguem um bom encontro com uma pessoa legal. Eu conheço vários rapazes e pelo menos uma garota com 20 e poucos anos que iniciaram seus negócios próprios. Quatro deles admitem prontamente que não têm vida nenhuma fora do trabalho e percebem que isso se deve ao fato de que esse não é seu objetivo. Portanto, quando ler que um deles ganhou 10 trilhões de dólares na bolsa de valores, tenha em mente que eles sacrificaram tudo aquilo que faz a juventude ser divertida. Nada de passar o dia todo na cama com um novo amante, nada de fazer viagens de seis meses para locais exóticos, nada de viagens de final de semana. Certo, essa pessoa tem dinheiro agora, mas fique certa de que ela não tem a menor idéia de como relaxar e realmente curtir o processo. Agora, ganhar dinheiro no mercado da música, especialmente com o pop, parece ter mais a ver com a sorte e a aparência. Você já percebeu como todas as novas vocalistas descobertas têm lábios carnudos e boa estatura? Será uma coincidência o fato de Jewell, Alanis Morissette e Fiona Apple terem corpo de modelos? Pode me chamar de cínica (vá em frente, transforme isso em um elogio), mas, se a MTV deixar uma garota normal fazer um videoclipe, arranco minha língua. Pensando melhor, talvez mais importante do que a aparência na indústria fonográfica seja a juventude. Trata-se de um pré-requisito inegociável. A menos, é claro, que você seja um dos Rolling Stones ou outros caras dos anos 60 que continuam a fazer turnê por aí cantando músicas que dizem coisas como "Espero morrer antes de envelhecer..."

Hollywood também. É preciso ser jovem e é preciso ser bonita. Talento sempre ajuda, mas não é absolutamente necessário. Também ajuda se você estiver relacionada com alguém que já está em Hollywood. Espere aí: em poucos anos, estaremos dizendo às filhas do Bruce Willis e da Demi Moore que o fato de terem sido escaladas para o último sucesso de bilheteria não teve nada a ver com o fato de terem pais famosos, mas sim com seu talento, trabalho árduo e dedicação à arte do cinema. Espere só para ver.

Caso contrário, a vida é uma grande corrida até a linha de chegada para a maioria das profissões. E por quê? Será que essa idéia de que qualquer pessoa digna de respeito deve ganhar seu primeiro milhão antes dos 30 existia antes da década de 80?

O que será que aconteceu com a idéia da corrida mais lenta e constante? Sei que está fora de moda, mas ainda é mais segura. Existe dignidade no fato de ter seus quinze minutos de fama depois de uma longa vida de trabalho árduo e esforço, e também no fato de nunca vir a ter essa fama. Eu ainda me apego firmemente à idéia romântica do trabalho não cantado em verso e prosa, e vamos encarar: isso acontece com a grande maioria das pessoas do mundo. Não há vergonha nenhuma em fazer parte desse grupo porque a vida oferece suas próprias recompensas.

Mas vamos imaginar que seus quinze minutos de fama realmente aconteçam, e logo, digamos, aos 20 e poucos anos. O que ocorre depois? Você passa o restante do tempo, que deveria ser gasto desenvolvendo uma carreira, só tentando manter seu nível de realização, e isso, de acordo com o cosmos, está fadado ao fracasso. O que ninguém conta a essas pessoas que chegam cedo à fama (que de qualquer maneira não dariam ouvidos mesmo) é que o sucesso prematuro traz uma desvantagem embutida: assim como a mídia adora um menino prodígio, ela também adora ver esses prodígios caírem. Isso dá matérias ainda mais picantes sobre como a jovem estrela não conseguiu lidar com o sucesso. Veja o que aconteceu com os jovens literatos Brett Easton Ellis e Tama Janowitz. Onde foram parar? E o roteirista Harmony Korine, de 20 e poucos, que fez o filme *Kids*, que, apesar de grotesco, foi altamente aclamado; ele lançou o filme *Gummo*, em 1997, só para ser criticado universalmente. A mídia cria o monstro e come suas crias. Espero que o mesmo não aconteça com Tiger Woods.

Pense nisso como uma forma de poupar-se dos olhares críticos e acusadores. Não posso imaginar uma pressão maior do que ter que se superar depois de ganhar o Prêmio Pulitzer aos 27 anos. (Bem, claro que teria sido legal.)

Um: Uma Carreira Bem Estabelecida

Então você está com 30 anos e ainda trabalha numa locadora de vídeos. E daí? Talvez essa nova realidade a incentive a trabalhar para se tornar a dona da locadora. Talvez consiga vender seu roteiro. Ou talvez esteja feliz por trabalhar na locadora de vídeos.

Há muito bla-bla-blá na nossa sociedade dizendo o que deveríamos ter conquistado com uma determinada idade. Acho que temos a liberdade de ignorar tudo isso e certamente podemos começar a fazer isso aos 30.

Acredite-me, muitas pessoas que arranjaram empregos legais e de responsabilidade assim que saíram da faculdade a invejam nesse momento. Elas nunca admitiriam isso, enquanto dirigem seus carros novos ou lhe contam sobre a casa que planejam comprar. Mas você conhece aquele desespero que invade sua alma depois do segundo dia de trabalho numa grande corporação? É isso que essas garotas sentem no meio da noite quando estão deitadas encarando o teto em plena escuridão e percebam que suas vidas estão se esvaindo no meio da monotonia do dia-a-dia. Até mesmo aquelas que parecem já ter sido duramente atingidas pelo que fazem devem se perguntar se há algo mais na vida além do trabalho. Elas devem ver a política mesquinha, as traições, as estranhas alianças que ocorrem na América corporativa. A menos que usem Prozac ou sejam desumanas demais para perceber, essas pessoas precisam se perguntar para que estão trabalhando, todos os dias, enquanto sua juventude escapa pelos dedos. Para comprar mais bens materiais? Um relógio de ouro quando (e se) se aposentarem? Em comparação, você não está sofrendo com pensamentos como esses altas horas da madrugada. Talvez esteja pensando como pagará o aluguel nesse mês, mas nunca algo mais profundo do que isso. Considere-se uma mulher de sorte, pois todo dia é uma nova aventura para você.

Há uma nova escola de pensamento que pergunta por que alguém precisa viver para trabalhar quando se pode trabalhar para viver. Isso é um pensamento totalmente contrário ao americano, e, se fosse a década de 50, tenho certeza de que eu seria arrastada pelos federais e colocada na lista negra como simpatizante dos comunistas. É o tipo de atitude que se vê mais na Europa, acompanham sua boa comida, queijos, vinhos e cigarros, e isso explica por que parecem curtir mais a vida do que nós. Mas esse pensamento sempre teve seus seguidores aqui na América, eu acho que o número está crescendo. Especialmente entre os da nossa geração, que não conhecem qualquer razão para devotar sua vida à corporação, e aqueles que não são motivados pelo dinheiro.

"Não sou uma pessoa preocupada com a carreira, disso eu tenho certeza", diz Keri Burrett, que tem 30 anos e só agora começou a estudar para se formar professora. "Tenho certeza de que trabalharei como professora durante cinco ou dez anos, depois farei alguma coisa diferente. Durante meus 20 e poucos anos eu quis ser voluntária em outros países e dar uma olhada em todas as opções por aí, mas, você sabe, vieram as parcelas do crédito estudantil e eu não podia mais trabalhar de graça, então tive de encontrar outras maneiras de fazer coisas interessantes e ganhar algum dinheiro".

A garota que trabalha para viver quer ter uma vida. Ela não quer ficar presa a um emprego das 8 às 5 horas, que não significa nada para ela, já que a promessa de muito dinheiro não é o suficiente. Essa garota quer ter um relacionamento rico e significativo com tudo aquilo que faz fora das oito horas de trabalho necessárias para pagar o aluguel. Talvez publique uma revista, pinte murais ou seja coreógrafa de um grupo de dança. Ela não se define através do que realiza no trabalho, mas, sim, através daquilo que realiza na vida. E, seja lá o que for, essa garota escolheu viver assim, vive muito bem e é feliz. Sim, feliz. Mesmo sem ter um carro do ano ou passar férias no Clube Med. Ela é feliz mesmo sem ter investido um só centavo na bolsa de valores. Parece que na década de 60, houve um breve momento em que era aceitável viver assim, mas essa época vive somente na memória coletiva dos *baby boomers* que estão envelhecendo no trânsito enquanto conversam com seus corretores pelo celular.

A garota que decide viver assim hoje em dia terá de agüentar eternamente os olhares reprovadores do resto da sociedade de consumo.

E há um benefício extra: quando você realiza a mesma atividade por tempo suficiente, as recompensas monetárias virão ao seu encontro, quer queira quer não. Veja o que aconteceu com Quentin Tarantino, que foi empregado de uma locadora de vídeos durante muitos anos.

Certo, você quer um exemplo mais realista. Eu conheço uma garota, pintora com 30 e poucos anos, que teve a vida mais miserável durante seus 20 anos trabalhando numa ótica. Ela reclamava como todas nós, e ainda usava o tempo que lhe sobrava, depois do seu emprego de 5 dólares por hora, com qualquer outra atividade que rendesse alguma coisa: posar para aulas de pintura, fazer a limpeza depois da inauguração de uma galeria de arte, e todo tipo de coisa. Ela tinha de agüentar as reclamações dos seus pais, que queriam saber por que ela não arrumava um emprego decente com o diploma da faculdade que tinham pago para ela. Mas, certo dia, alguém viu seu portfólio em cima do balcão da ótica e, impressionado por seu trabalho, ofereceu-lhe um teste para ser professora. De repente, essa garota que só sabia viver próxima ao chão tinha mais dinheiro do que podia gastar. Claro que ainda não era nenhuma maravilha, mas tinha caído do céu. Ela estava no caminho certo e nem ao menos procurou por ele.

Você acha que eu terminei? Há outro componente em tudo isso. Um que convenientemente entra em cena em todas as etapas acima descritas: quando se tem 30 anos, você realmente não dá muita importância para aquilo que os outros pensam.

A adolescência e o começo da fase adulta são gastos tentando convencer a todos à sua volta que você não se importa com o que pensam ao seu respeito, quando na verdade é exatamente o oposto. Você se importa tanto, especialmente quando é adolescente, que vários livros foram escritos sobre problemas de auto-estima causados pela rejeição enfrentada pelos adolescentes em seus grupos de amigos. Durante seus 20 anos, você ainda pode estar apegada ao mito de que é diferente, uma mente independente que faz o que quer, mas as aparências ainda contam muito para você. Quais são as primeiras coisas que se pergunta ao conhecer alguém? "O que você faz?" e "O que fez na faculdade?" As respostas a essas perguntas revelam números, e assim é possível encaixar essa pessoa na sua escala comparativa e ver onde ela está em relação a você.

O trauma de completar 30 anos é o último surto dramático, eu prometo. Você atravessará um ano de puro inferno se comparando com todas as garotas de 29 anos do planeta e depois vai parar de chorar. Esse é um dos segredos mais bem guardados do envelhecimento: ele funciona como um narcótico natural depois dos 30. É por isso que a maioria das pessoas deixa de sair tanto depois dos 30. E você estava preocupada.

5 SUPERAÇÃO

Dicas para as Garotas Que Não Podem Usar Prozac

O que mantém uma mulher jovem e bonita não são as repetidas cirurgias plásticas, mas o elogio constante.

Quentin Crisp

As garotas são muito boas para superar problemas e, com todo o drama inerente na vida de uma mulher, não é de se surpreender que tenhamos desenvolvido tais capacidades. Seja para superar um coração partido ou aprender como conviver com um péssimo corte de cabelo, há um extenso conhecimento histórico que é passado às mulheres de geração em geração. Muitas vezes, esse conhecimento inclui o uso terapêutico de chocolate e banhos de imersão de três horas com muitos sais de banho franceses e esponjas naturais. Às vezes, estão incluídas medidas que beiram o vodu, como escrever o nome do condenado na casca da cebola e então fervê-la até que o nome desapareça. Superar pode ser algo muito estranho, mas nós fazemos o que precisamos, certo?

Minha história favorita de superação envolve uma garota anônima. Uma amiga minha me contou que, certa vez, viu uma linda jovem entrar no restaurante em que ela estava jantando. A mulher tinha cabelos loiros tão lindos que metade dos homens do lugar, o restaurante de um hotel chique de Los Angeles, ficaram babando por ela por detrás dos seus cardápios, tentando reconhecê-la numa lista de estrelas de Hollywood. A mulher pediu que o garçom lhe trouxesse um copo de cada coquetel do cardápio especial. Quando chegaram, ao todo eram sete, em tons brilhantes e nada naturais, com enfeites de pequenos guarda-sóis em copos de formatos estranhos, ela começou a sorver cada drinque à sua frente de maneira metódica. Depois do terceiro, ergueu os olhos e percebeu que minha amiga a observava. Com um sorriso triste, disse: "Meu namorado me trocou por outra". Então, retornou à bebida. "Uau!", pensou minha amiga. "Que garota!"

A Teia Que Tecemos

Não é de se surpreender que, nessa nova e empolgante era das comunicações, algumas garotas tenham se tornado bastante criativas para superar o trauma de completar 30 anos. Um bom exemplo disso é o caso de Drue Miller, a webmaster da Vivid Communications, em São Francisco. Escrever e criar projetos para a World Wide Web é uma das poucas áreas da alta tecnologia que notavelmente preferem as garotas. Trata-se também de uma indústria bastante jovem, e, por sua vez, sua equipe jovem gira em torno dos 20 e poucos anos. Chegar aos 30, que sempre pareceu tão improvável, deu-lhe uma pausa para pensar.

"Nos meses que antecederam meu 30º aniversário, a ficha começou a cair. Lembro-me de acordar no mês anterior e pensar: "Nossa, faltam 29 dias". Comecei a refletir sobre esse tipo de coisa porque os 30 pareciam uma idade muito velha. Agora estou percebendo que, você sabe, é apenas um dia em que passo da casa dos 20 para os 30".

Como uma viciada em computadores, Drue tinha mil maneiras de lidar com seus problemas. Podia passar o dia circulando por São Francisco em cima de sua moto, se perder por dias na frente de um jogo de computador especialmente colorido e violento ou então escrever sobre seus sentimentos e criar um site relacionado a eles. Drue escolheu a última opção, escrever sobre seus medos.

"Na verdade, essa não foi a única razão", admite. "O motivo real é que meu namorado estava começando a criar um fanzine e precisava de material. Então eu disse: 'Bem, estou chegando aos 30, é uma história interessante'".

Assim, ela escreveu uma história sobre seus pensamentos quanto aos 30 anos, tudo desde as pequenas rugas que começavam a aparecer nos cantos dos olhos até seu novo impulso sexual muito mais voraz. Então criou um *link* na sua história que perguntava aos visitantes sobre suas próprias experiências com o envelhecimento. "Qual aniversário foi mais marcante para você? Você se sente mais jovem ou mais velho do que sua idade real? Afinal, o que é velho? E quando é possível saber que já se atravessou essa barreira?"

O resultado? Mais de 60 páginas de respostas de pessoas de todo o mundo – – homens e mulheres –, todos chegando aos 30, embora essa não fosse a idade específica. E a cada dia recebia mais. Essa é a beleza da mídia interativa, as pessoas ainda se identificam com algo que foi escrito há muito tempo. "Já faz quase dois anos que fiz 30", diz Drue. "E ainda recebo *e-mails* sobre aquela história". O correio continua crescendo também, com histórias de todos os tipos de pessoas beirando os 30 e vasculhando a Internet em busca de apoio.

E por falar em apoio, ler algumas dessas histórias pode fazer com que uma garota se sinta quase feliz por estar chegando aos 30. Pelo menos você estará em boa companhia. Dê uma olhada no site, em inglês, http://www.fray.com/drugs/30/post e leia o que quiser. Aqui estão dois exemplos:

Quando cheguei aos 30 achei que essa idade era o pior dos pesadelos porque senti que todas as pessoas com mais de 30 estavam em queda livre. Bem, quando completei 40, no ano passado, percebi que o melhor ainda está por vir. Meus 30 anos foram realmente bons e eu conquistei muitas coisas que nunca imaginei que poderia. Eu estava preocupada por começar a ficar como a minha mãe depois dos 30, mas fiquei muito longe disso. Recebo elogios o tempo todo de pessoas que não acreditam quando conto a minha idade. Provavelmente, estou em ótima forma física, intelectual, emocional e espiritual do que durante todos os meus 20 anos. Drue, as coisas ficam cada vez melhores, tenho muito mais vigor e autoconfiança do que em qualquer outro momento da minha vida. É preciso lembrar que o sofisma dos 30 vem de uma época em que a expectativa de vida das pessoas era de 40 a 50 anos. Mas essa expectativa de vida se expandiu por mais trinta anos, então a meia-idade agora é muito mais tarde do que costumava ser. As pessoas precisam se desvincular dos velhos estereótipos e aproveitar a vida ao máximo, todos os anos, sem se preocupar com a idade. Agora tenho 41 e sinto muito orgulho disso.

– *Charlene*

O que vai acontecer quando eu fizer 30? Tenho 26 e já me sinto tão velha. Tudo começou a dois verões atrás quando fiz uma viagem "só de meninas" com minhas melhores amigas do colegial. Eram todas solteiras, selvagens e livres; não tinham preocupações, só queriam se divertir e farrear até o sol nascer. Eu havia me casado aos 21, tive meu primeiro filho aos 23 e aos 24 estava *velha*. Invejo o estilo de vida das minhas amigas solteiras que parecem não se importar com a idade. Este ano tive meu segundo filho. Minhas amigas ainda conversam sobre namorados, boates etc. – enquanto eu falo sobre jantares, fraldas, filhos e cachorro. Realmente espero que tudo melhore quando fizer 30, e sei que é isso que vai acontecer. Quando estiver com 30, terei minha família e estarei satisfeita com aquilo que consegui, enquanto minhas amigas estarão apenas começando. Quando estiver com 30, minha vida terá um recomeço. Meus filhos terão idade suficiente para se cuidar e eu poderei curtir tudo o que a vida tem para me oferecer!

– *Laura*

Dando Ouvidos à Erva de São João

Existem três momentos em que a alma de uma garota é colocada à prova. Às vezes, o café e os cigarros, ou qualquer outro vício que você tenha, não serão suficientes para manter os demônios sob controle, especialmente o tipo de demônio que surge com o questionamento da vida e a busca do verdadeiro eu, como acontece em torno do 30º aniversário. Às vezes, é preciso uma ajuda extra.

Longe de mim julgar uma garota que sente a necessidade de submeter seus sentimentos a uma medicação. Embora, pessoalmente, fique alarmada com a idéia de milhões de pessoas viverem o restante de suas vidas na base do Prozac, não tenho direito de dizer a ninguém como viver nem o que ingerir. Deus sabe quantas noites passei chorando por causa da solidão e quantas manhãs fiquei tentando encontrar um bom motivo para sair da cama e enfrentar o dia. Mas sempre consegui sair desses buracos, em um ou dois dias, e relaciono esses momentos à indisposição de uma garota de carreira, solteira, com quase 30, vivendo em Nova York. Entretanto, conheci uma ou duas mulheres que não conseguiram sair dessas depressões e passaram tempo demais sofrendo enquanto a aparência dizia que deveriam estar dando pulinhos de alegria. Sei que há razões para medicar-se. Só acho que muitas pessoas começaram a tomar Prozac sem raciocinar sobre isso.

Também existem maneiras novas, intrigantes e naturais de combater a melancolia ocasional. Rainha de todas é a Erva de São João, uma erva que vem sendo usada, há séculos, na Alemanha, por suas propriedades como antidepressivo natural. De fato, os alemães prescrevem tal erva com muita freqüência e muito antes de prescrever qualquer medicação mais sintética para aqueles com depressão. No Brasil, a erva já está presente há anos, mas não é muito conhecida fora do círculo dos naturalistas. Aventure-se a entrar em qualquer loja de produtos naturais e procure por tal erva em chá ou cápsulas.

O que faz com que funcione? Como os pesquisadores apenas começaram a dar crédito aos remédios naturais, admitem não conhecer a fundo seu funcionamento. Mas sabe-se que essa erva combate a melancolia do inverno, da menstruação e a apatia mental.

"Bebo esse chá durante todo o inverno e juro por Deus que ele me ajuda muito", diz Sandra Richter, 32, professora da Filadélfia que entrou em contato com a Erva de São João durante a faculdade na Califórnia. "Não tem um efeito muito amplo, mas percebi mudanças no meu humor".

Embora a sabedoria popular diga que é preciso tomar a Erva de São João várias vezes por dia, durante várias semanas, para realmente sentir o efeito, a erva parece melhorar o humor desde a primeira pílula. Talvez seja pura auto-sugestão, mas é preciso experimentar e julgar por si só.

Pelo que se sabe, há poucas desvantagens para a Erva de São João quando é comparada com os efeitos sinistros do Prozac e outros do mesmo gênero (morte da libido, por exemplo). Parece que o usuário fica mais sensível ao sol, mas, de qualquer modo, qualquer garota perto dos 30 deveria estar longe dos dias em que se tostava ao sol com óleo de bebê no corpo. As garotas que estão grávidas ou amamentando também devem evitar o uso. Assim como com qualquer outra medicação, não é aconselhável dar ouvidos às pessoas como eu, que não têm diplomas de medicina nem coragem de encarar um simples exame de sangue. Então, não acredite nas minhas palavras e busque informações mais precisas. A menos que você fale e leia bem em alemão para poder ler estudos relevantes, use a erva com cuidado, certo?

Boas Vibrações

Na universidade, eu morei num alojamento estudantil com 12 mulheres de disciplinas variadas. Havia uma estudante de biologia, uma poetiza, uma estudante de cinema, outra de direito (embora quase nunca a visse), estudos sociais, duas de ciências políticas, além de outras. Vivíamos em vários quartos pertencentes a uma única área de convívio comum que, devido aos altos custos da programação a cabo, não tinha TV. Isso proporcionou muito tempo livre para ficarmos juntas conversando e comparando nossas cargas de trabalho. Tínhamos idades e histórias de vida muito diferentes e nada nos unia mais do que o catálogo da *sex shop Good Vibrations*.

Era uma vez duas garotas em São Francisco que acreditavam que o mundo precisava de um meio para que as mulheres comprassem brinquedinhos sexuais sem ter de se aventurar em lojas escuras e altamente pornográficas, cheias de homens nojentos e de atitude questionável. Elas criaram a primeira sex shop "de mulher para mulher", uma pequena loja numa calçada bastante ensolarada num bairro seguro e amigável de São Francisco (e onde mais seria possível inaugurar uma sex shop voltada para mulheres?). Os negócios iam bem, mas realmente deslanchou quando começaram a enviar um catálogo para todas que quisessem, e de repente as garotas se viram livres para escolher seus brinquedos no conforto de suas casas e recebê-los pelo correio em um papel de embrulho marrom.

Foi a garota do serviço social que recebeu o catálogo. Uma vez por mês, ela batia discretamente na nossa porta: "O catálogo chegou", dizia, e ficava subentendido que deveríamos levar nossos talões de cheque para a sala de estar de paredes cor-de-rosa para nos amontoarmos em volta da mesa.

Oh, os tesouros que tinha! Traziam um brilho de felicidade aos olhos de uma garota solteira. Ali, em ilustrações de bom gosto, estavam vibradores de todos os tamanhos, formatos e cores. Havia o Pinky, que podia ser comprado por menos de 10 dólares e passaria discretamente como um porta-OB na sua bolsa. Para aquelas mais exigentes, havia o Great King, 23 centímetros de látex transparente, que deveria ser apenas cultuado, a menos que você estivesse interessada em sair correndo e berrando pelo quarto. Haviam outros aparelhos também, projetados para servir todos os gostos e fantasias da mulher moderna. Uma completa biblioteca erótica e uma lista de filmes pornôs com comentários ("Enredo zero, mas muito, muito, muito picante!").

Não interessava se você não pretendia comprar nada nem iniciar sua própria franquia, o catálogo da Good Vibrations muitas vezes era a chance das garotas se reunirem e falarem besteiras. Uma mulher muito sábia (não sei ao certo quem) disse certa vez que o segredo para permanecer jovem e bonita estava em manter uma irreverência juvenil. Assim que você expulsar coisas como o catálogo da Good Vibrations da sua vida, certamente passará a avaliar os preços de lindas casas de campo de dois andares e começará a se parecer com a sua mãe (assumindo que sua mãe não recebe sua própria cópia do catálogo). Um conselho realmente valioso. São detalhes como esses que unem as garotas e nos alegram por sermos maiores de idade.

Pergunte à Isadora

Pergunte a qualquer pessoa que saiba, pergunte a alguém com muitos diplomas enquadrados na parede, mas esteja ciente de que, às vezes, nem as pessoas mais qualificadas, psicólogos e coisas do tipo, podem ajudá-la quando se trata da ansiedade dos 30 anos. Alguns, geralmente *baby boomers* envelhecidos, desprezarão você e pedirão que vá embora e só volte quando tiver um problema de verdade, como o que fazer quando não consegue mais encontrar peças para seu carro antigo.

Outras pessoas, no entanto, não são apenas mais gentis como também têm algumas respostas. Isadora Altman[1], por exemplo, passou por tudo isso e dá bons

---

[1] Isadora Altman é uma escritora americana de livros sobre sexualidade, como *Doing It: Real People Having Really Good Sex*.

conselhos para aqueles em questionamento. É sexóloga formada e colunista em uma série de jornais alternativos dos Estados Unidos, como o *San Francisco Bay Guardian* e o *Time Out New York*. Toda semana, alivia a alma atormentada de leitoras que escrevem com todo tipo de problemas, variando desde o sublime até o ridículo. Humildemente, nos aproximamos dela e imploramos por conselhos, um pedido imediatamente aceito.

P: Isadora, por que ficamos tão abaladas com a idéia de completar 30 anos? Você pode nos dar alguma luz?

R: Com prazer. Ainda perambulando pelo subconsciente dessa geração está a seguinte idéia: "Nunca confie em ninguém com mais de 30 anos". Essa idade tem sido a linha divisória entre ser jovem o suficiente para fazer qualquer coisa e não ser tão jovem assim para fazer qualquer coisa, porque agora "você deveria estar mais ciente das conseqüências". As pessoas começam a perguntar por que ainda não sabe o que quer ser quando crescer. Isso coloca o peso da responsabilidade nos ombros daqueles com 30 anos que ainda não estão preparados para tanto. Além do mais, as mulheres ainda são amedrontadas pelo relógio biológico. Ainda que não esteja nem um pouco interessada em casamento, ela sabe que lhe restam apenas poucos anos para encontrar o homem certo e iniciar uma família ou já era.

P: Nós, pobres coitadas, podemos evitar os 30?

R: Não, mas a pessoa que está sofrendo com essa pedra no meio do caminho pode simplesmente movê-la. Podem dizer, claro, a fase adulta para mim começa aos 35. Ou, não vou me preocupar com isso por mais cinco anos.

Por exemplo, quando cheguei aos 33, gostava dessa idade. Parecia uma idade boa e adequada, sabe, idade suficiente sem ser velha ainda. Então, celebrei meu 33º aniversário por vários anos. Trinta não traz automaticamente as rugas, os cabelos brancos, a pele flácida e assim por diante; é apenas um número.

P: É normal e saudável sofrer durante uma contagem regressiva até os 30?

R: Não se estiver ficando apavorada com isso. Se sua contagem regressiva significa que é melhor você se apressar para ganhar seu primeiro milhão, ou ficar grávida às pressas, ou conseguir um aumento para ontem, se você estiver se pressionando a tomar certas atitudes, então não, não acho que seja saudável. É normal porque nos atacamos verbalmente o tempo todo, mas não é muito saudável.

P: Concordo, mas é impossível evitar. É como uma péssima música do George Michael – ela não pára de tocar na sua cabeça e você não tem forças para fazê-la parar. O que devemos fazer?

R: Ajuda muito estabelecer alguns objetivos realistas. No ano em que completar 30, você pode dizer a si mesma, "Não namorarei ninguém que não esteja interessado em construir uma família. Pedirei aumento e, se não recebê-lo em determinado prazo de tempo, começarei a procurar por outro emprego. Ainda que não consiga pagar nem uma quitinete, vou morar sozinha e não em um apartamento dividido com um bando de gente". Seja o que for, precisa ser algo mensurável. Em outras palavras, é difícil determinar se você está feliz, mas você sabe se conseguiu um aumento ou não. Trata-se de um objetivo estabelecido para você mesma em vez de uma ameaça ao dizer: "É melhor fazer algo nos próximos cinco meses, quatro meses, três meses... senão!" Senão o quê? Você ficará péssima. Só isso.

Um Bom Conselho

Se você não puder encontrar um bom aconselhamento com um bom terapeuta, então terá de recorrer aos seus amigos e sugar deles tudo o que puder. Às vezes, no entanto, se estiver realmente com o moral baixo, seus amigos terão de encontrá-la.

Nos dias que antecederam meu 30º aniversário, caminhava pelos corredores do meu trabalho feito zumbi. Tinha fama de matar as oito horas de trabalho conversando e socializando. Não deixava de ser parte do serviço, embora estivesse mais parecido com serviço de pombo-correio. Eu ia de escritório em escritório só para perguntar a uma diretora de arte se, digamos, ela achava que um gráfico seria mais apropriado para ilustrar uma determinada história.

Depois, passava os próximos quarenta minutos discutindo se o romance da novela das oito tinha chance de ir para frente. Passava mais do que uma hora no andar de baixo tomando café com várias pessoas, e as poucas vezes que permaneci sentada por longos períodos no meu próprio escritório um fluxo quase contínuo de visitantes tornava meu trabalho impossível. Em retrospectiva, isso deve ter acontecido devido à minha incapacidade de criar um espaço para mim apesar de estar na *Business Week*. Mas, pelo menos, todos gostavam de mim e me tratavam bem.

Então, não deveria ter ficado surpresa quando as garotas apareceram em massa no meu escritório naquele dia. As mulheres com quem trabalhava eram jornalistas, editoras e diretoras de arte. A mais nova tinha três anos a menos que eu; a mais velha, 20 anos a mais. Algumas eram casadas, algumas divorciadas, algumas eternamente solteiras. Todas eram aquilo que eu considerava "o máximo", mulheres urbanas e resolvidas que merecem a admiração de qualquer pessoa. Elas tinham percebido, conforme me contaram, que eu não estava no meu estado normal e suspeitavam que tivesse algo a ver com uma certa idade arbitrária que se aproximava rapidamente.

A princípio, neguei. Admitir que algo tão mesquinho quanto completar 30 anos a incomoda é a última coisa que você quer fazer. Mas não consegui enganar essas garotas. Joni foi a primeira a falar, o que não surpreendeu ninguém. "Qual é?", disse, "Para que negar? Ninguém quer fazer 30, porque não se sabe como tudo fica melhor depois dessa data". Ela tinha 45 anos, era editora e solteira. Costumava me contar histórias sobre suas viagens pelo mundo e pelas camas enquanto fumávamos furtivamente em seu escritório na noite de fechamento da revista. Joni era alguém a quem se deveria dar ouvidos porque eu sabia que, não importa qual fosse o problema, ela estaria do meu lado, já que havia passado por isso. "Ouça, menina", disse num sussurro que era quase uma conspiração, "os primeiros anos da casa dos 30 são os melhores da sua vida como mulher. Você já esteve por aí tempo suficiente para que as pessoas respeitem o que faz, mas ainda será jovem e sexy e tudo o mais. Então, acabe com essa tristeza idiota e comece a curtir o movimento". As demais acenaram concordando.

Bem. Foi a primeira vez que ouvi aquilo. Na verdade, até aquele minuto, nunca tinha pensado em como seria a vida depois dos 30. Só me concentrava no que todos tinham dito *dito* sobre isso: resignação, potencial perdido e cortes de cabelos sem graça.

Mas, aparentemente, esse não era o caso, a julgar pelas histórias que as mulheres estavam me contando. Uma a uma, todas deram um passo à frente e compartilharam sua sabedoria. "É garantido, coisas maravilhosas acontecerão a você entre o dia de hoje e os 33 anos", jurou uma garota, uma das melhores repórteres da revista. "Toda mulher que conheço passou por isso que você está passando e todas elas tiveram ótimos acontecimentos depois dos 30". Ela parecia muito segura do que dizia e fiquei pensando se realmente havia feito uma pesquisa.

Contaram-me sobre mulheres que se casaram e ficaram grávidas no prazo de um ano após seu 30º aniversário. Contaram sobre mulheres que largaram seus empregos horríveis e partiram para um restaurante que deu muito certo. Uma me disse que sua amiga, uma advogada, decidiu aos 31 o que realmente queria fazer para toda a vida – ser ceramista. Seus pais e amigos ficaram pálidos quando falou sobre seus planos, mas ela sentiu que já tinha provado tudo aquilo que precisava como profissional e que tinha adquirido o direito de viver a vida que quisesse. "Ela saiu do emprego, vendeu tudo o que tinha e foi para o Japão aprender com o melhor mestre de cerâmica. Ninguém podia acreditar, mas ela estava tão feliz que nem se importava". Também não acreditei muito nisso, mas entendi o que estava tentando me dizer. Uma das diretoras de arte disse que não tinha muitas histórias atraentes, mas ela e todas as suas amigas perceberam que depois dos 30 ficou mais fácil se aceitarem como eram e não o que sempre planejaram ser. "Definitivamente crescemos muito", disse.

Esse tipo de conversa sempre ajudou, e muito. Todas essas mulheres não podiam estar erradas, não é? Se tinha acontecido com elas, com certeza aconteceria comigo também. Se não acontecesse, eu poderia revoltar-me contra elas com impunidade. Exceto que tudo o que disseram aconteceu. Meu conselho: quando uma mulher mais sábia que você disser algo, ouça.

Terapia de Grupo

Voltando ao passado: um chá das cinco, uma reunião de mulheres, uma terapia de grupo. Desabafar sobre seus temores é um método há muito respeitado pelas garotas que buscam paz de espírito, ou presença de espírito.

Assim, tendo isso em mente, quatro de nós fizemos reunião na casa de Dawn na tarde de um domingo de verão. Ali estavam: Dawn, artista e designer gráfica, que tinha acabado de fazer 31 anos e teve o primeiro filho recentemente; eu, que tinha 32 na época; duas amigas de Dawn de um trabalho temporário que tinham feito juntas. Keri tinha acabado de fazer 30 naquele verão e estava lidando muito bem com isso, exceto por estar enfrentando a batalha entre o que a sociedade espera dela *versus* o que ela espera de si mesma. Frances estava chegando perto do seu 29º ano e não se mostrava nem um pouco feliz com isso. Dawn alugara uma pequena casa na praia de Oxnard, Califórnia, com seu marido pedreiro e surfista. Da varanda, era possível ver o estacionamento imundo onde todos os surfistas paravam seus caminhões para surfar em Silver Strand, como é conhecida essa parte da praia. Às vezes, é possível ver suas namoradas, todas com 20 anos e corpinho de salva-vidas do *Baywatch*. Desviamos o olhar e pedimos hambúrgueres vegetarianos na lanchonete do final da rua. Começamos a falar sobre chegar aos 30, envelhecer e tópicos relacionados. Toda a conversa começou quando chamamos a prima de 15 anos de Dawn, que estava passando algumas semanas com ela. Nesse momento, a garota estava se maquiando e enrolando os cabelos, preparando-se para se aventurar na praia onde poderia conhecer algum surfista. Seu bipe estava adequadamente preso ao seu biquíni. Enquanto se enfeitava, assistia à MTV. "Ei, Michele", chamou Dawn. "O que você acha de fazer 30 anos?" Estávamos procurando alguma perspectiva.

Os olhos de Michele não deixaram a TV nem por um segundo. "Eu não penso nisso", disse.

"Bem", acrescentei. "Acho que isso resolve o caso. Já podemos ir agora".

Em vez disso, começamos a conversar. Frances, pelo que parece, está realmente chateada com a idéia dos 30 anos, em grande parte porque isso acena com a possibilidade de chegar ao 30º aniversário sentindo que não conseguiu nada na vida. O que ela não mencionou, até muito tempo depois, é que tinha sido criada na base aérea de Okinawa, sendo filha de uma mãe japonesa e um oficial americano; nem que passou seus anos de colegial na American High School, na Alexandria, Egito, junto com os filhos dos diplomatas, correspondentes estrangeiros e xeiques do petróleo. Não foi uma criação nada comum, mas esse era o problema, insistia. A hora certa estava na sua frente e ela não soube aproveitar. Um de seus empregos temporários virou permanente e agora se via presa ao departamento de contabilidade na matriz de uma grande cadeia de gráficas rápidas – um destino terrível, concordamos. Mas, por outro lado, parecia haver muita coisa boa em sua vida. Estava casada e feliz, tinha desenvoltura para se expressar e parecia ter 23 anos de idade.

"Então, Frances", comecei. "Por que o pânico?"

Frances revirou os olhos e apoiou o queixo sobre as mãos. "As lágrimas não param há semanas", disse. "Não sei o que está acontecendo. O último aniversário de que me lembro foi o de 21 anos e desde então eles passam voando". Tudo bem, já tinha feito uma lista de coisas a fazer antes dos 30, mas grande parte permanecia intocada. "E agora vou fazer 29 e só tenho um ano pela frente".

"O que estava na sua lista?"

"Deixe-me ver, teria feito faculdade e me formado. Teria escrito um livro e publicado-o. Teria viajado mais e *não* estaria casada, mas agora estou. E eu *não* teria um emprego numa corporação; mas isso eu também tenho, não é?"

Dei uma boa olhada na garota: "Você está casada e tem um bom emprego. Que existência miserável. Eu queria ter tido essa sorte quando tinha 29".

"Não, ouça", defendeu-se Frances. "A maioria das pessoas escolhe um caminho profissional quando tem 20 e poucos e passa dos 30 aos 39 implementando esse caminho. Não há muitas pessoas que façam mudanças depois dos 30, então é como se eu tivesse um tempo muito limitado para fazer tal mudança. É assim que me sinto, apavorada pelo tique-taque do relógio".

Dawn estava preocupada tirando os talheres da mão do seu filho de seis meses, Kyle, enquanto ouvia tudo aquilo. "Você tem tempo de sobra, Frances".

Frances sacudiu a cabeça em desacordo. "Acho que não. Veja só todas as pessoas que viveram e morreram antes de chegar aos 30. Eles conquistaram muitas coisas: Janis Joplin, Jim Morrison, todos morreram muito antes de fazer 30 anos".

"Ah, então você quer morrer de overdose?", rimos. Dawn apontou para a cozinha. "Tem um pouco de uísque no armário", disse solícita.

"O que estou tentando dizer é que manter esse tipo de emprego corporativo que tenho agora não é o que esperava estar fazendo quando tinha 18 ou 19", explicou Frances. "É deprimente. Se eu imaginasse que acabaria fazendo isso, acho que teria me matado".

"Não fale isso", disse Keri. "Você pode mudar tudo quando quiser".

"Não, não posso", lamentou Frances. "Estou casada e sou feliz no meu casamento. E, às vezes, penso que Charlie é a única coisa que me mantém viva", sorri.

Tentei lhe mostrar que ela tinha feito a escolha pelo amor verdadeiro em detrimento de uma vida de devaneios e que uma garota geralmente só faz uma escolha por vez. Enquanto Frances pensava sobre isso, Keri nos contou que, quando se trata de fazer escolhas, gosta ter um pouco de cada coisa.

"Durante meus 20 anos, experimentei todos os tipos de coisas diferentes", disse. "Acho que é por isso que os 30 não me amedrontaram tanto quanto a outras pessoas, porque sinto que fiz muito daquilo que queria." Claro que agora havia a pressão para que fosse responsável e se estabelecesse, tivesse filhos e abrisse uma caderneta de poupança, explicou. Mas ela está ignorando esse chamado por enquanto. No momento, vive com seu namorado, Tom, apesar de isso não ser aceito por sua família católica. O relógio biológico também não a assusta. "Preciso admitir que, aos 20 e tantos anos, o relógio batia mais alto do que agora", reconhece. "Mas agora sinto que é um tipo de escolha, não algo obrigatório, especialmente agora com os remédios para fertilidade. É possível ter filhos até os 50 ou 60".

"Não sei nada sobre isso", disse Dawn, tirando seu brinco de dentro da boca do seu filho. "Só tenho 31 e isso já é bastante exaustivo para mim".

"Trata-se de outra escolha que se faz. Não havia essas opções há 30 anos. Agora o céu é o limite. É quase como um manto de responsabilidade. Durante algum tempo depois que me formei na faculdade, senti essa enorme expectativa de que deveria fazer algo importante na vida, mas hoje percebi que vou fazer aquilo que quiser e não aquilo que esperam de mim. Não me importo mais com o que os outros pensam de mim, e essa foi uma das coisas que gostei quando fiz 30 anos". Ela cutucou Frances. "Você deveria pensar nisso, garota".

Nesse momento, os pais de Dawn voltaram de um passeio a Winnebago. Eles já tinham 70 e poucos anos, sua madrasta trazia um cachorrinho no colo e seu pai vestia bermudas coloridas. É preciso lembrar que são de Michigan. "Por que essas caras tão emburradas, garotas?", indagou seu pai.

"Estamos conversando sobre chegar aos 30, pai", explicou Dawn.

"Você já tem 30?", parecia confuso, então sacudiu a mão como se estivesse afastando o assunto. "Vocês ainda são crianças. Bem, o que temos para o almoço?" E assim terminou nossa terapia de grupo, naquele momento.

Escreva

"Muito purificador", disse minha amiga Emily Schwartz, 31, quando pedi que escrevesse suas experiências ao completar 30 anos. "Recomendo bastante essa atividade".

Agora, Emily é uma jornalista, daquelas que leva o *laptop* em suas longas viagens de um ano e consegue encontrar tomadas para recarregá-lo nos lugares mais improváveis, como Tonga e Fiji, para que possa compartilhar com o restante de nós suas maravilhosas aventuras. Mas acredito que ela nunca imaginou que chegar aos 30 pudesse ser uma história tão interessante, não até que começou a escrever sobre isso e inconscientemente se deixou levar pela correnteza da maternidade.

Assim como fazer uma lista ajuda a organizar a confusão em que está a sua vida, escrever um diário ajuda a economizar com pelo menos dois terapeutas. Você pode dizer ao diário tudo o que diria a um terapeuta e muito mais, pois não há conflito de personalidade com o seu diário. Ele não a interromperá no meio de cada monólogo lamurioso sobre seu pai para dizer-lhe que a hora da consulta acabou. Não há nenhum risco de apaixonar-se pelo diário ou dele se apaixonar por você. O melhor de tudo, você não gastaria mais do que 50 reais num diário (e estamos falando de um exemplar com capa de couro e papel perfumado), enquanto um terapeuta custaria três vezes isso por hora. Faça as contas da economia.

Fãs-Clubes

O sexo mantém a pele limpa e rosada. Uma xícara de café pode transformar um péssimo dia em algo tolerável. Não há quase nada que uma boa tarde de compras numa livraria não resolva. Mas também é verdade que, em questões de idade, nada ajuda mais do que ter seu próprio fã-clube.

"Ah, tá bom", ouvi você reclamar. Para você, o melhor que pode conseguir é um sorriso do padeiro, e isso já a deixa feliz. Como uma garota normal, anônima

10 Coisas Que Você Não Tem de Fazer Só Porque Tem 30 Anos

Cynthia Heimel expressou-se muito bem com o seguinte provérbio: Deus protege os bêbados, as crianças e as garotas que não têm medo de nada e tão dispostas a tudo. Escreva isso no seu diário, onde esteja fácil de alcançar a qualquer momento. Isso ajudará você a ficar calma enquanto se aproxima rapidamente dos 30 e começa a entrar em pânico.

1. Não entre em pânico.

2. Não decida que sua vida foi desperdiçada porque já tem 30 e ainda não produziu um filme.

3. Não diga a si mesma que é hora de se tornar uma pessoa séria. Quase nunca é preciso ser séria.

4. Não pense que "é tarde demais" para fazer alguma coisa, porque só é tarde demais quando se está morta. Mesmo assim, nunca se sabe.

5. Não comece a usar sapatos caretas.

6. Não pense que não pode mais vestir miniblusas e vestidos justos só porque já tem 30 anos. Lembre-se, você era apenas uma garotinha nos anos 70; portanto, tem discernimento. Isso sem falar daquele autêntico anel que muda de cor de acordo com o humor.

7. Nunca, em nenhuma circunstância, aja de acordo com a sua idade.

8. Não tire o *piercing* do seio ainda.

9. Não deixe de se sentir atraída pelos caras errados.

10. Não se esqueça de convidar suas amigas para seu Terceiro Aniversário de 29 Anos no ano que vem.

e com quase 30, pode ser rodeada por multidões de admiradores? Não é difícil, especialmente se perceber que bastam duas pessoas para formar um fã-clube. Você não lembra nada da sua infância?

Um fã-clube, por definição, é qualquer grupo devotado ao estudo, louvor ou bem-estar geral de outro grupo ou indivíduo. Geralmente, esses fãs-clubes incluem um jornalzinho, às vezes uma convenção e, hoje em dia, um *site*. É possível fazer tudo isso apenas com duas pessoas. Ah, que droga, ou poderia ser só uma pessoa – você.

Eu tive uma amiga que freqüentemente pensava em publicar um fanzine, um tipo de jornal devotado a ela e sua visão de mundo – o que era completamente estranho. Queria chamá-lo de *Mundo de Stacy*, e, na verdade, tudo o que queria era um local para exibir em technicolor sua desgraça na vida afetiva e outras áreas da vida em Nova York como uma garota solteira e voltada à carreira. Isso aconteceu alguns anos antes dos fanzines chamarem a atenção da mídia e seus criadores lucrarem com empregos importantes na mídia central. Eu queria que ela tivesse levado essa história até o fim, mesmo que só publicasse uma edição do *Mundo de Stacy*. A Stacy conseguia matar qualquer um de tanto rir com seu relato do "Pior Caso da Minha Vida", e, além de ter uma maneira engraçada de lidar com sua desgraça, poderia ter conseguido um seriado para TV também.

Claro que um fã-clube não precisa envolver nada tão formal quanto uma publicação anual dedicada à sua vida e seus feitos. Ele pode assumir a forma de um pacto entre você e suas amigas mais íntimas de realizar uma reunião para jantar toda quinta-feira. Se vocês três gostam da companhia umas das outras, não dão a mínima para os detalhezinhos da vida de cada uma e geralmente se sentem responsáveis por erguer o ânimo umas das outras, isso já é um fã-clube.

Talvez deveria ter mencionado antes – junto com as rugas e as dores novas e numerosas, você perceberá, conforme envelhece, que será cada vez menos tolerante com as besteiras dos outros. Isso é especialmente verdade quando esses outros são seus "amigos". No final do dia, está cansada demais para gastar seu tempo e sua energia com amizades que exigem muito e causam mais sofrimento do que você merece. E, como está mais velha e repleta de autoconfiança, é muito mais fácil livrar-se dessa mala pesada (ou sem alça) do que teria sido, digamos, na sétima série quando sua lista de melhores amigas tinha duas páginas. É melhor admitir que pode contar o número de amigas em uma mão, em vez de perceber pouco a pouco que, enquanto passa suas tardes de domingo sozinha, todo mundo que você conhece parece estar recebendo vários telefonemas para sair.

Seu fã-clube a ajudará a atravessar essas agruras da vida. Certifique-se de que retribua à altura sendo um membro ativo do fã-clube também. Como se faz isso? É fácil, apenas deixe de pensar na sua desgraça por cinco minutos (só isso já é pedir demais) e faça algo pelos outros. Você pode estar disposta a pagar o táxi de vez em quando, mandar presentinhos e cartões-postais (meus favoritos: cartões-postais com cores fluorescentes ou estampa de pele de onça de um lado e um espaço para escrever do outro). Não deixe que o preço do DDD te impeça de ligar regularmente e ficar sabendo como anda a saúde mental de todos os membros do fã-clube. Mais importante, é preciso dar bons conselhos profissionais quando requisitada, nunca seja mesquinha quanto aos seus contatos e seja extremamente honesta quanto aos novos cortes de cabelo.

Sente-se melhor? Será que isso a ajudou? Espero que sim, espero mesmo. Porque – e odeio ter de dizer isso novamente – você está prestes a completar 30 anos. Mas acredite, você ficará bem. Então, vamos em frente. Afinal, já chegamos até aqui, certo?

6 O Além

Bronzeada, Relaxada e com 30

Bem-vinda aos 30. Agora você nunca mais terá de passar por isso.

Um cartão que recebi de uma amiga de
33 anos no meu 30º aniversário

Chegar aos 30 é como perder a virgindade: você passa anos pensando nisso, obcecada, fantasiando como será e como sua vida andará diferente dali para frente – só para ficar deitada depois, olhando para o teto e esperando por aqueles fogos de artifício que deveriam estar estourando em cima da cama. "É só isso?" É.

Depois do que aconteceu no final de semana do meu 30º aniversário, é surpreendente que tenha conseguido acordar no grande dia. Mas acordei e – surpresa – ainda estava entre os vivos. Dei uma boa olhada no meu corpo e tudo estava como eu tinha deixado na noite anterior, quando ainda estava na casa dos 20. Dei uma olhada no espelho procurando rugas novas e repentinas no meu rosto, mas não havia nenhuma, o que achei muito bom. Cuidadosamente, saí da cama e segui contabilizando os estragos. O bom e velho quarto, as mesmas prestações do crédito estudantil empilhadas na mesma caixa de contas, o mesmo emprego para onde deveria ir na próxima hora. A única diferença é que agora tinha 30 anos. Eu, com 30! Parecia engraçado pensar nisso.

Nunca me senti tão aliviada em toda a minha vida.

Agora Posso Contar

Assumindo que você sobreviveu ao difícil processo de chegar aos 30, você deve estar se sentindo muito bem. Afinal, o que não mata engorda e fortalece. Em nenhum momento, isso é tão verdadeiro quanto agora.

Agora, que está com 30, isso não é tão ruim, é? Na verdade, de repente, essa idade pareceu muito mais jovem do que antes. Engraçado, né? Assim, é quase possível entender por que todos os *baby boomers* estão sempre com esse papo de chegar aos 50. (Exceto que agora você terá de agüentar seus próprios pais falando sem parar que não acreditam que já têm uma filha de 30 anos.) Talvez tudo isso tenha a ver com o velho ditado de que a idade está na cabeça. Pense um pouco nisso.

A primeira coisa que você sentirá é alívio, um alívio que limpa a alma e relaxa o maxilar. Você sentirá o tipo de alívio que um doutorando sente quando aquele professor insuportável, que odeia seu trabalho e está na banca examinadora, sofre repentinamente um envenenamento por salmonela e precisa ser substituído. Você já conseguiu se livrar de um trabalho monstruoso na escola? Já conseguiu de alguma maneira não ter de pagar aquele preço absurdo pela corrida de táxi? Já encontrou aquele vestido perfeito para a festa, minutos antes de a loja fechar, e percebeu que estava em promoção? É assim que você vai se sentir quando finalmente completar 30 anos.

De fato, eu não estava apenas aliviada, mas intensamente empolgada. Através da minha própria experiência, agora sei que ter 30 não é nada diferente do que ter 29, 28, 27, ou até mesmo 26 (aos 25 eu ainda era uma boba). Na verdade, me senti estranhamente mais forte. Recuso-me a usar a palavra *capacitação*, mas é mais ou menos assim que me senti, como se finalmente estivesse pronta para sair por aí e fazer o que precisava. Apesar de jovem, era experiente, podia viver minha vida como quisesse e essa sensação era maravilhosa.

Pouco tempo depois do seu 30º aniversário, você verá, com seus próprios olhos, por que ser uma garota com 30 e poucos anos é, na verdade, a melhor época até os dias de hoje. Mas, primeiro, respire fundo e diga como se sente.

Com mais sustância, talvez? (E não estou falando daquela taça de sorvete Häagen-Dazs que você tomou ontem à noite.) Um pouco mais... experiente? Poderia muito bem ser a força da sugestão em um trabalho em larga escala, mas deixa pra lá. Vamos, admita! Você já está sentindo a impetuosidade dos seus anos de experiência e isso não é nada ruim. Sente que talvez as pessoas comecem a levá-la mais a sério já que está um pouco mais velha. Você também se sente muito mais segura das suas próprias necessidades. Da próxima vez que quiser comida tailandesa e seu namorado quiser pizza, você o mandará embora e sairá para jantar com seu cartão de crédito.

Você também está com aparência ótima, na realidade, melhor do que no ano passado. A autoconfiança tem um ar mais sexy do que um vestido decotado, e a maioria dos homens não conseguem resistir (exceto os executivos de Hollywood e os garotos de 14 anos). É uma sensualidade que só vem quando você finalmente aceita o corpo que tem, o cabelo que não pode mudar e o rosto que merece. As garotas mais jovens não conseguem imitar esse olhar, não até que passem pelo que você passou.

O melhor de tudo isso é que você ainda tem dez anos pela frente antes de chegar aos 40. "Chegar aos 30 não tem a ver com aquilo que ainda não foi feito", insiste Rosemary Ryan, executiva de propaganda. "Mas, sim, com aquilo que pode ser feito agora".

Estou esquecendo que muitas de vocês ainda não chegaram aos 30, portanto, toda essa verdade colorida que estou contando não faz sentido, e, na verdade, de repente, esse livro se tornou um pouco suspeito. Se este for o caso, a única coisa que posso sugerir é que converse com algumas garotas que já tenham passado pelos 30 anos para ouvir o que têm a dizer. Garanto que vão confirmar tudo o que estou dizendo. Está certo, que tal contar mais uma história?

Aos 30 e Avante

Apesar do meu 29º ano ter sido péssimo, meu 30º compensou tudo. Esse foi um dos melhores anos da minha vida. Você já conhece o esquema – nada de prazos, um inglês sexy, cigarros de graça, comida grega, mergulhadores de Chipre, bazares turcos, vila de Tuscani... não te parece um ano bastante bom?

Os 31 foram ainda melhores. Passei esse aniversário sossegada e sozinha em casa com alguns amigos, fumando, um cigarro após o outro, na varanda da minha linda casa pré-fabricada em um subúrbio de Nova Jersey. Era alto verão e fazia menos de um mês que tinha voltado da Inglaterra para Newark, sem

> **As 10 Melhores Coisas de Chegar aos 30**
>
> 1. Você nunca terá de completar 30 anos novamente.
> 2. Todas as pessoas acima de 30 ainda acham que você não passa de uma garotinha.
> 3. Você ainda tem uma década inteira para suas realizações – e, dessa vez, você está preparada!
> 4. As pessoas ainda sentirão inveja caso abra seu próprio negócio ou escreva um romance digno de prêmios.
> 5. Você começa a sentir que, mesmo que nunca faça nenhuma dessas duas coisas, ainda terá uma vida produtiva, feliz e que vale a pena.
> 6. Os adultos passam a levá-la a sério, algo que é sempre bom. Se ainda tiver cara de artista, então, deve ser uma artista séria. Se gostar de usar terninhos, talvez os capitalistas de risco permitam que você entre no prédio.
> 7. Aquela mecha indomável de cabelo, ou seja lá qual for o traço físico que lhe causava tanto desgosto no colégio, é agora aquilo que a deixa mais bonita.
> 8. Enquanto aos 20 e poucos anos apenas fingia que não dava importância para o que os outros pensavam de você, agora *realmente* não dá importância alguma.
> 9. Tem idade o suficiente para saber o que é melhor, mas ainda é jovem o suficiente para seguir em frente.
> 10. [Insira sua própria reflexão.]

dólares suficientes para pegar um ônibus de volta a Manhattan. As liras turcas que tinham sobrado da viagem me renderam menos do que 2 centavos americanos. Eu estava prestes a pedir esmolas, para conseguir moedas e ligar para que alguém (eu não sabia quem) viesse me buscar, quando duas garotas muito gentis ouviram minhas lamúrias e me ofereceram uma passagem de ônibus de 6 dólares. Quase chorarei e implorei para que me dessem seu endereço, assim poderia imediatamente devolver o dinheiro quando chegasse na cidade, mas elas se recusaram, desejando-me boa sorte, e sumiram na multidão do aeroporto. Acreditei que isso era um bom carma (e até hoje fico de olho em qualquer viajante que possa ajudar com algum dinheiro). Esse incidente foi o mais difícil até então. Tudo o mais estava caindo do céu. Quando finalmente cheguei a Nova York, o primeiro lugar que visitei foi o escritório da *Business Week*, em Midtown. Enquanto me arrastava pelas ruas do centro da cidade com minha mochila gigante e meu short imundo, percebi que aquele escritório tinha sido meu lar durante todo o tempo em que vivi em Nova York. Ali passei a maioria dos meus domingos, ali teria sido o último lugar por onde passaria antes da minha viagem oito meses atrás, mas o primeiro lugar para onde me direcionava na minha chegada. Deve haver uma grande metáfora para tudo isso.

Eu estava bem magra nessa época e também mais bronzeada do que nunca. Meu corte de cabelo urbano já tinha crescido bastante e meus cabelos se penduravam em cachos desordenados que passavam do ombro. Usava uma dezena de pulseiras de pano no pulso, a marca de um viajante em certos círculos, e ainda trazia duas pulseiras de borracha da fábrica do kibutz penduradas no tornozelo. Durante a maior parte do ano, não usei maquiagem, brincos ou desodorante. Enquanto passava de sala em sala dizendo "oi" para meus antigos colegas, um pequeno grupo de editores homens se reuniu em volta de mim, sorrindo como devotos irmãos mais velhos. Quando saí de lá, naquele dia já tinha três matérias para fazer como *free lance*, uma dica de emprego e duas ofertas de moradia. E eles queriam ver minhas fotos também.

Mas uma olhada rápida na lista de imóveis para alugar no jornal *Village Voice* eliminou qualquer idéia que estivesse alimentando de talvez permanecer em Nova York. Durante o tempo em que estive fora, os aluguéis tinham se tornado ainda mais absurdos, se é que isso é possível, e estava claro que, se permanecesse nessa cidade, seria uma escrava do aluguel para o resto da minha vida. Mas essa vida não era para mim. Eu preferia gastar dois terços do meu salário nos aluguéis em São Francisco, onde pelo menos o clima era um pouco melhor.

Eu estava ciente de que uma das conseqüências de abandonar o trabalho e viajar, durante quase todo o ano, era ter de voltar à casa dos meus pais.

Normalmente, isso não teria dado tão certo, já que odeio andar para trás, mas realmente não tinha escolha. De qualquer modo, isso me daria chance de pôr em prática parte da minha sabedoria recém-adquirida. Quem se importa com a aparência, e daí que estou voltando para casa aos 31, disse a mim mesma. Será uma boa experiência. Sairei com meu pai para comer sushi, ficarei um mês ou dois, colocarei minha vida em ordem e voltarei para São Francisco.

Acabei ficando cinco meses na casa dos meus pais, reatando os laços de família e saboreando o ritmo simples e lento de uma pequena cidade praiana no sul da Califórnia. No primeiro dia, meu irmão me convidou para vê-lo surfar com alguns amigos, algo que nunca tinha feito antes. Enquanto os observava atravessar a rebentação, esperando pela onda certa, me perguntava se esse não era um sinal divino me trazendo de volta para casa. Decidi que era (sou bastante supersticiosa). Estava claro que tinha realizado um ciclo completo, então era melhor aproveitar ao máximo meu tempo aqui.

Ventura é uma cidade linda, o que é ótimo, porque não há quase nada para fazer além de apreciá-la . É muito parecida com o que Los Angeles deve ter sido há 40 anos – ainda há plantações de morangos e alface por toda parte, dunas e falésias sem desenvolvimento, estradas de pista única que se estendem paralelas às praias desertas por vários quilômetros. As pessoas que vivem ali devem trabalhar na base naval próxima, possuir um pequeno negócio, plantar vegetais ou simplesmente não trabalhar. Um dos meus irmãos tinha uma pequena fábrica de letreiros (a maioria dos barcos trazia uma de suas peças) e o outro trabalhava em construção, ambos surfavam religiosamente. A principal preocupação na vida dos seus amigos era quais danos o *El Niño* causaria no surfe na Califórnia central. Eram muito amigos, não julgavam, certamente não tinham grandes conquistas, mas pareciam bastante felizes com sua vida. Sabiam muito bem quem eram e não tentavam ser outra pessoa. Pela primeira vez, pude ver que talvez estivesse chegando a algum lugar. Meu irmão mais novo, ao explicar seu remédio para se adequar ao ritmo do sul da Califórnia, disse-me: "Jules, coma mais burritos e nade no mar".

Comi muitos burritos em São Francisco, claro que Luke nunca tinha comido nenhum, pelo menos nenhum de verdade. Então, esse foi o jantar da primeira noite em que ficou comigo. Acho que eu esperava que a comida típica fornecesse assunto suficiente para evitar que conversássemos sobre a coisa principal, que éramos nós dois, e, mais especificamente, que diabos a gente achava que estava fazendo.

Não víamos um ou outro há seis meses, período que se arrastou em um amontoado de cartas e telefonemas uma vez por semana, além de um sentimento cada vez maior de que, na verdade, ele não viria para Califórnia. Mas lá estava ele, com um visto de turista, uma mochila cheia de coisas e nada mais. A grande pergunta do momento era: Será que um caso no kibutz poderia se tornar um relacionamento verdadeiro? Conseguiríamos agüentar um ao outro por mais do que duas semanas? Será que sobreviveríamos à rotina mundana dos aluguéis, contas, trabalho e jantares ocasionais?

Tanta preocupação para nada. Depois de três semanas, quando ficou claro que tinha encontrado o homem certo, que sabia todas as palavras da música de Cole Porter e chorava com algumas partes do musical *Fiddler on the Roof*, arrastei-o até o cartório e me casei com ele. As leis da imigração dão um jeito de apressar qualquer romance (isto é, não podemos morar juntos se ambos não tiverem emprego. Então, vamos oficializar isso ou não?).

De repente, era uma mulher casada! Na época, mantivemos tudo em segredo e estávamos maravilhados com a nossa audácia. Contamos aos meus pais algumas semanas depois. "Eu sabia", disse minha mãe. Um mês depois, fiquei interessada em um emprego que pagaria o aluguel e um pouco mais; Luke recebeu a autorização para que pudesse trabalhar e arranjou dois empregos de meio período. Não tínhamos muito dinheiro (não com o preço absurdo do aluguel) e meu empréstimo estudantil veio junto com as despesas da casa, mas estávamos incrivelmente felizes. Tudo melhorava vertiginosamente, exceto pelo embrulho constante que sentia no estômago. Achei que era começo de gripe, mas ela nunca veio. Depois, culpei o estresse do trabalho que, apesar de não ser nada estressante, era a única explicação. Logo não agüentava mais tomar a xícara de café matinal a que estava acostumada, durante 15 anos, como a única coisa que transformava meu dia em algo produtivo, e fumar não trazia mais o prazer de antes. Nesse momento, Luke já estava perguntando se eu poderia estar grávida. De jeito nenhum, disse a ele. Eu saberia se estivesse. E nós nem estávamos considerando a hipótese.

Eu mesma não consegui acreditar até que segurei o pequeno bastão de plástico e vi aparecer a lista vermelha. Jurei para qualquer pessoa que pudesse ouvir que não tinha sido intencional, mas ninguém acreditou. Aceitei isso como sinal do destino. Eu tinha 31 e estava casada, nada me impediria de passar por isso. Luke estava entusiasmado e encarregou-se imediatamente de substituir minha dieta de sucrilhos. Nossa, depois de anos olhando torto para as mulheres grávidas, agora eu era uma delas. Quem podia imaginar? Saí correndo para comprar o par mais deselegante de tamancos pretos que pudesse encontrar para usar com meu *baby-doll* negro comprado em uma loja econômica. De jeito nenhum eu me vestiria como uma senhora.

Com todos esses acontecimentos, a vida deixou de parecer uma série de frustrações e passou a ser suave como, sei lá, manteiga em temperatura ambiente, se é que você sabe o que estou querendo dizer. Sorte, coincidência e esforço começaram a convergir com mais freqüência, fazendo com que os pequenos desastres da vida parecesse menos sérios. Passei a empregar as pequenas lições que tinha aprendido no ano passado: parei de fazer as exigências que repeti durante todos os meus 20 anos, fiquei mais paciente, passei a perceber padrões, tanto em mim quanto na vida em geral, que ajudavam a me guiar (e que estavam na minha frente o tempo todo, mas não pude vê-los até o momento), fiquei mais calma, passei a esperar pelos acontecimentos e a celebrar pequenas vitórias.

Demorei dois anos para perceber, em retrospectiva, o que tinha acontecido comigo. As mulheres no meu trabalho estavam certas, meus 30 anos estavam se tornando uma década muito mais interessante do que os 20. Aos 32, tinha a satisfação e a sensação de estar no lugar certo, algo que tinha procurado por toda a minha vida. Não sentia mais a necessidade de provar nada a ninguém, nem a mim. Podia comer sozinha num restaurante sem me importar, fazia trabalhos temporários sem xingar o nome da faculdade em que fiz pós-graduação. Tenho certeza de que os budistas devem ter uma nomenclatura para esse estado de espírito. Talvez seja algo perto do nirvana. Quem sabe?

Outro evento inacreditável aconteceu quando tinha 32. Minha filha nasceu! Atualmente, ela me ensinou a não dar importância para a carreira, dinheiro, bens materiais, apartamento legal e um cabelo mais cooperativo (afinal, não tenho nada disso).

De uma só vez, essa garotinha cuidou de toda a minha ansiedade por um propósito maior na vida e me tornou mais feliz limpando baba da minha camiseta do que jamais fui perseguindo objetivos. Eu teria achado essa idéia uma grande piada aos 22, mas, agora, com um pouquinho de experiência nas costas, minhas prioridades haviam mudado. Uma conseqüência inesperada é que, de repente, me tornei uma adulta – em grande parte, porque agora tenho alguém com quem me preocupar além de mim – e isso não me incomoda.

Três anos atrás, eu teria ouvido uma história como a minha e feito um comentário estúpido como: "Que se dane! Bom para ela!" Mas eu não conto essa história melosa só para adoçar você. Conto porque, se aconteceu comigo, pode acontecer com qualquer garota.

Se não quiser acreditar em mim, converse com qualquer garota com mais de 30, todas concordam que a vida fica melhor a partir daí.

Justificativas Interessantes

Isso significa que todos seus temores, durante os últimos cinco anos, esperando chegar aos 30 foram em vão? Não, não foram em vão. É perfeitamente natural preocupar-se nesse momento, trata-se de um ritual de passagem. Não há motivos para se sentir envergonhada pela conta do terapeuta nem pelas compras estúpidas que fez no ano passado.

Memorize essas justificativas e esteja preparada para expressá-las sempre que precisar. Numa festa, por exemplo, um homenzinho irritante diz que você está sendo tola por sentir essas coisas em relação ao que seria apenas outro aniversário, e que isso só prova que as mulheres são mais emotivas que os homens. Nesse momento, você pode usar a seguinte frase... "*au contraire, mon frere*", e rapidamente aniquilá-lo com uma das próximas explicações.

A Transição dos 30

O psicólogo de Yale, Daniel J. Levinson, cujo best seller *The Seasons of a Man's Life* é uma compilação de estudos conduzidos por ele sobre o ciclo de vida masculino, realizou estudos similares sobre mulheres, que foi publicado, em 1994, após sua morte. Entrevistando 45 mulheres no curso de suas vidas, desde o começo da adolescência até seus 40 e poucos anos, não é de se surpreender que tenham surgido algumas histórias engraçadas que todos aprendemos a amar.

Levinson descobriu que os 30 e poucos anos são "um período de mudança de estrutura ou transição que põe um fim à estrutura de vida existente e cria a possibilidade de algo novo". Isso significa que essa idade é um momento natural e normal na vida da maioria das mulheres em que pequenos ajustes são feitos, momento para descobrir o que saiu errado e o que deu certo até agora, e o que realmente se deseja.

Joan Borysenko, Ph.D., dedicou um capítulo inteiro a essa transição dos 30 anos em seu livro, que deveria estar na estante de todas nós, *A Woman's Book of Life*, em que usa os estudos de Levinson como base para essa idéia de que a época ideal para avaliar a vida é aos 30 anos. Levinson observou dois grupos gerais de mulheres, que para facilitar nossa discussão aqui chamaremos de mulheres de casa e mulheres de carreira. Ambos os grupos enfrentavam o desejo de mudar suas vidas. Aos 30, as mulheres de casa estavam ficando cansadas do lar e da família, cansadas de cuidar dos filhos, do marido e do cachorro, e passavam a ver o mundo exterior ou a educação como um meio de ganhar mais confiança e independência. Muitas delas se divorciaram nos anos que rodearam seu 30º aniversário.

Dois terços das mulheres de carreira, por outro lado, ainda não estavam casadas, já que passaram boa parte dos seus 20 anos estudando e construindo suas carreiras. Muitas delas, relata Levinson, viram os 30 anos como um momento de encontrar um parceiro e começar uma família antes que fosse tarde demais. Mais da metade das mulheres desse grupo não tinha filhos, casadas ou não, e a idéia de concebê-los se tornou uma fonte significativa de estresse.

Então, você pode ver que não estou inventando nada do que digo.

Crise dos 7 Anos

De acordo com aqueles mais sábios do que nós, a vida de uma pessoa pode ser dividida em ciclos de sete anos. Há um ciclo aos 28 e outro aos 35. A cada intervalo de sete anos, acredita-se que cada célula do corpo é substituída, então, você não deveria ficar chocada ao ouvir que as pessoas passam por um crescimento físico (pelo menos durante os primeiros três ciclos), crescimento mental, emocional e várias outras modificações. Nenhum eremita digno de seu isolamento na montanha ignoraria a noção de que uma garota passa pela crise dos 30, porque ele sabe que tal transição é uma parte normal do ciclo da vida. De qualquer modo, os sábios escreveram extensamente sobre esse fenômeno. E quem sou eu para duvidar?

O Retorno de Saturno

Veja só isto: existe uma razão astrológica para que as garotas se sintam abaladas em torno do 30º aniversário e tudo isso está relacionado com os ciclos do zodíaco. Não é misterioso? Kelly Garton, 30, professora de inglês e estudante de astrologia, chama o fenômeno de *Retorno de Saturno*.

O planeta Saturno, em termos de astrologia, é o arquétipo das limitações. São necessários vinte e nove anos e meio, desde seu nascimento, para completar o ciclo do zodíaco, e, para a maioria das pessoas, isso só chega a ter um impacto duas vezes durante a vida, três se você tiver sorte. É claro que, a primeira vez que o planeta retorna, causa um impacto significativo. Saturno representa as limitações físicas daquilo que se pode fazer, mas outra maneira de vê-lo é como representante daquilo pelo qual você batalhou e conquistou até agora. "Não seus sonhos ou sorte, mas coisas que realmente pode medir".

Dependendo da área em que Saturno estava no dia do seu nascimento, ali estarão suas limitações pessoais. Um lembrete disso é enviado a cada trinta anos, quando Saturno realiza todo o ciclo. Então, não é de se surpreender, diz Kelly, que tantas garotas (certo, caras também... talvez) se vejam num beco sem saída com essa idade e comecem a arrancar os cabelos questionando o que fizeram até ali e o que realmente querem fazer da vida. Se você acredita nesse tipo de coisa, e a maioria das pessoas acredita, não existe nenhum grande mistério em relação ao marco que os 30 anos representam.

"A maioria das pessoas que observa esse fenômeno percebe que são necessários dois anos antes e dois anos depois para colocar tudo em ordem novamente", diz Kelly. Observe: isso não se encaixa perfeitamente na crise dos sete anos entre os 28 e os 35? Viu? Tudo faz sentido! Sinergia!

Certo, agora você já tem justificativas para estar sentindo como se o mundo fosse acabar a cerca de um ano. Afinal de contas, esses sentimentos não eram tão tolos.

Pratos Limpos

Não me interessa que tipo de vício você nutriu durante os vinte anos: talvez tenham sido drogas ou bebidas, ou apenas uma atitude insolente: talvez você tenha ficado no meio do caminho. A beleza de chegar aos 30 é que agora você tem toda uma década limpa e nova pela frente. Como uma daquelas mulheres da conversa no escritório me disse: "Os 30 são os anos em que finalmente as garotas entram nos eixos". E você sabe como as pessoas adoram pratos limpos; adoramos arregaçar as mangas, respirar fundo e... mãos à obra. Conheço dezenas de garotas que decidiram "reinventar-se" depois dos 30. Abandonaram seus empregos e viajaram, assim como eu; ou abandonaram os empregos e iniciaram seus próprios negócios em áreas diferentes; ou finalmente abandonaram as drogas; ou finalmente foram promovidas para chefe de seção; ou se tornaram mães. As opções são ilimitadas, especialmente por se tratar da primeira década na qual você realmente tem controle sobre sua vida.

Três Pilares

Precisa melhorar o visual? Observe os três pilares da sua vida. Gerar gráficos como esse não é diferente da confecção de listas. Isso é também bastante estúpido, mas eficaz o suficiente para dar um panorama geral. São eles:

Idade de 0 a 10: Vivemos em piloto automático. Você não tem muito controle sobre seu crescimento, alimentação, onde mora, o que veste ou qual será sua escolha profissional, já que a maioria dos adultos tende a sorrir e acariciar sua cabeça quando conta que pretende ser uma bailarina ou astronauta.

Idade de 10 a 20: Anos tumultuados, repletos de traumas como o primeiro beijo, a primeira menstruação, espinhas, coração partido e a primeira vez que não consegue se matricular em uma matéria necessária para se formar na faculdade. Será que você realmente se divertiu tanto nesse período de dez anos?

Idade de 20 a 30: A vida se agita um pouco, mas você está um pouco confusa sobre o que fazer com ela. Talvez tenha passado metade dessa década perseguindo com obediência algo que lhe foi imposto. Ou talvez tenha passado esse tempo com o dedo no nariz tentando descobrir o que fazer consigo mesma. De qualquer modo, embora fosse extremamente jovem e cheia de potencial, parece que nunca teve dinheiro nem tempo suficiente para realmente conquistar alguma coisa. Foram dez anos de muita frustração.

Idade de 30 até a eternidade: Finalmente você está começando a entender a vida. Finalmente se sente bem com quem é e com aquilo que sabe fazer de melhor, além do fato de que não poderá usar aqueles vestidos tubinhos que as modelos usam. Agora escolhemos como crescer, o que comer, onde morar e o que vestir, e finalmente estabelecemos uma carreira porque já temos experiência suficiente para saber o que fazer. Por exemplo, você já sabe como vender sapatilhas de ponta para as aspirantes a bailarinas.

Garota Autoconfiante

Muito foi escrito sobre o que acontece com as garotas que chegam à adolescência. Até a puberdade, parece que as meninas são idênticas aos meninos em capacidade e vontade. Correm, pulam, sonham e conseguem cuspir mais distante do que qualquer garoto do clubinho. A partir do dia que enfiam na cabeça que devem começar a depilar as pernas, o nível de autoconfiança das garotas começa a cair. Quando aquela garota que batia em todas as outras chega aos 15, passa a ser uma medrosa que não encara ninguém nos olhos e sempre faz concessões aos garotos. Que droga!

Uma garota pode passar todos seus 20 anos tentando reencontrar a confiança necessária para subir ao posto em que estava antes da puberdade e impedir que os garotos, dentre todas as criaturas, digam como ela é estúpida. Através de tentativa e erro, durante toda a faculdade, o trabalho e a pós-graduação, lentamente uma garota aprende que, na verdade, os homens são geralmente inferiores e que partem para jogos masculinos como queda-de-braço e guerra. Ela percebe que é mais esperta e, na maioria dos casos, sabe lidar melhor com as pessoas do que os homens. Percebe que, no fundo, os homens não passam de meninos com quem se pode brincar facilmente, e que nenhum homem tem

> **Coisas Que Você Sabe e Que as Garotas com 22 Não**
> - A empresa não lhe deve nada.
> - Nem todas as pessoas precisam gostar de você.
> - Ninguém dá a mínima para suas médias na faculdade.
> - Bens materiais não a farão feliz.
> - Algumas coisas são *necessárias*, portanto, é preciso ganhar um salário decente.
> - Os homens são a cobertura, mas você é o bolo e o recheio.
> - Provavelmente, sua mãe está do seu lado.
> - Quando um cara insiste que vocês dois não vão dar certo, é porque não vão dar certo.
> - Sofrer em nome da moda é estúpido e sem propósito. Você vai precisar do seu tendão de Aquiles para viver o resto de sua vida.
> - 30 é realmente um acontecimento.

poder suficiente para resistir a uma piscada sensual, uma cruzada de pernas e um sanduíche de peru bem preparado.

Quando uma mulher chega aos 30, aquela a coragem que perdeu no colegial volta com toda a ferocidade. Agora tem confiança e força para olhar no fundo dos olhos de qualquer homem e cuspir. Se for fina demais para cuspir, ainda pode convencê-lo a pagar o jantar.

O que aconteceu? É simples: ela atingiu um nível mais alto do universo feminino. Possui segredos e conhecimentos que suas irmãs mais jovens não têm. Sabe quando parar de beber, sabe quais produtos entrarão em promoção, na semana que vem, e espera pelo momento certo. Sabe que não deve dar importância a qualquer promoção na C&A. Sabe como fazer longas ligações para outras cidades no trabalho sem ser identificada. Sabe quando vasculhar a gaveta de meias do namorado e quando não vale a pena.

Compare seus 30 anos à sensação de ser Pipi Meias Altas com um cartão de crédito: você faz o que quiser e tem meios para isso.

Outras áreas também apresentarão melhoras agora que você não tem mais 20 anos. Especificamente, isso inclui sua vida sexual e profissional. Primeiro, vamos dar uma olhada na carreira porque, por mais que você goste de sexo, não vai querer ser sacaneada pelos seus credores.

7 É Apenas um Trabalho

Quando o sino tocar e você perceber que já está com 30, lembre-se de que agora tem permissão para tomar certas atitudes no trabalho. Trata-se de um dos bônus extras que recebemos ao entrar para o grupo dos adultos.

Afinal, você não começou como uma secretária mal paga e explorada assim que saiu da faculdade com seu diploma e suas habilidades de datilógrafa? Não cumpriu sua pena religiosamente, preparando o café e consertando a máquina de xerox para os idiotas acima de você? Não participou de todas as reuniões idiotas até o dia em que um dos gerentes de seção olhou para cima, percebeu sua presença pela primeira vez (talvez por causa do vestido azul?) e disse: "Você, que já está aqui há algum tempo... o que acha?" E *voilà*, de repente, está livre para expressar suas opiniões para todos. As pessoas passaram a procurá-la mais, para resolver problemas, então você recebeu uma promoção e um aumento (já não era sem tempo!). Recebeu garantias ou, finalmente, aquelas opções de ações que permitirão que você compre sua casa no ano que vem. E, quando está beirando os 30, de repente percebe que agora preenche aquele requisito de, no mínimo, cinco anos de experiência em todos os novos postos de emprego que a barravam nos seus 20 e poucos anos.

Percebe que é muito boa naquilo que faz e que, ainda mais surpreendente, outras pessoas pensam isso também. Um desenvolvimento extraordinário! Agora virou rotina os gerentes perguntarem sua opinião, e de fato parecem interessados em ouvi-la, e, às vezes, você fica surpresa com quanto realmente sabe e com a coragem com que expressa tal conhecimento. Você passa a se dar conta de como as garotas que entram nos níveis inferiores parecem jovens hoje em dia, tão jovens que é impossível confiar que serão capazes de arquivar um relatório – até que uma delas se aventura a perguntar como você chegou onde está hoje.

Onde você está hoje. Nossa! Isso parece ótimo, não é? É ótimo ver-se repentinamente como uma profissional competente. Isso a faz sentir como se realmente não estivesse apenas fingindo ser uma adulta. Isso quase elimina a dor de envelhecer.

Pergunte a qualquer mulher que está bem posicionada em sua profissão e ela lhe dirá a mesma coisa: é durante os 30 que as pessoas finalmente começam a levá-la a sério como profissional. Começamos a receber os benefícios da experiência, conhecimento, confiança e tempo de cadeira, não importa em qual setor estamos. E tudo isso é muito bom.

Sim, mas o que qualquer garota perceberá, mais cedo ou mais tarde, é que essa experiência é uma faca de dois gumes. Junto com as coisas boas, como respeito, posição e possibilidade financeira, vem o entendimento de como as coisas realmente funcionam no trabalho. Deixe-me colocar da seguinte maneira: como as coisas *ainda* funcionam, no começo do século 21, mais de 30 anos depois que os homens permitiram que as mulheres começassem a sair de seus casulos.

Uma História como Alerta

Todas as garotas do mundo deveriam sentir pena de Jamie Tarses, não por ser uma mulher bem paga e bem colocada em Hollywood, mas porque as forças do seu setor a colocaram na linha de fogo de uma rede de TV em apuros, e acreditaram que isso era possível porque se tratava de uma mulher de 33 anos. Jamie tinha apenas 32 quando a ABC convidou-a para ser presidente da divisão de entretenimento. Ouviu-se suspiros de todas as partes. Uma mulher tão *jovem* liderando uma das principais redes era algo sem precedentes (não interessa o fato de haver tantos exemplos de homens tão jovens liderando negócios). Como enfrentaria as políticas de Hollywood com tão pouca experiência? Conseguiria ser uma líder que as pessoas seguiriam? Em menos de um ano, Jamie foi despida de boa parte de seu poder quando um homem – não tão mais velho assim – foi trazido para supervisionar seu trabalho. Um artigo escrito por Lynn Hirschberg, no *New York Times Magazine*, tornou-se o assunto da semana de costa a costa, declarando o que seria bastante óbvio para qualquer garota que já trabalhou numa corporação americana, mas parecia ser novidade para todos os demais – que tudo tinha sido armado o tempo todo para que Jamie Tarses caísse. No artigo, Lynn citou agentes e outras pessoas da indústria dizendo que Jamie ainda não estava madura para o trabalho. Muito inexperiente e apenas uma garota. Um colega de trabalho (que por razões óbvias pediu para permanecer anônimo) disse que lidar com ela era como lidar com uma namorada. Sentia muito receio de contar-lhe notícias ruins, disse, porque ela poderia começar a chorar.

Conte até dez, respire fundo e siga em frente.

Acompanhei o drama de Jamie desde o momento em que li o primeiro artigo sobre sua ascensão ao posto na ABC até sua derrocada, em 1997, porque eu também estava ansiosa com o fato de alguém com a minha idade estar na liderança da divisão de entretenimento de uma grande rede de TV. Claro que imaginei que ela teria o perfil exato para este livro e claro que tentei entrar em contato, por mais de um mês, nem que fosse para ouvir um não. Mas, quando não obtive resposta, não pude nem ficar brava. Afinal, imaginei que estaria ocupada demais, tão ocupada que, provavelmente, nem se daria conta que o 30º aniversário já tinha passado.

No entanto, sua queda me irritou profundamente, embora já soubesse que Hollywood fosse controlado por um bando de garotos reprimidos que não conseguiram entrar para a liga de beisebol. Apesar de Jamie e eu não termos nada em comum, além da idade e o fato de que crescemos em Los Angeles, e mesmo sendo medrosa demais para dizer-lhe qualquer coisa caso conseguisse entrar em contato, ainda sentia pena dela. Jamie é um exemplo perfeito, quer saiba disso ou não, de como ainda há dois pesos e duas medidas em relação às mulheres, seus empregos e sua idade.

Por saber disso instintivamente, uma garota pode se aventurar a perguntar por que ninguém nunca se referiu ao Bill Gates como um garoto que mal saiu das fraldas quando dava início ao monstro da Microsoft em seus 30 e poucos anos. Ou por que a mídia não viu Michael Dell, fundador da Dell Computer, como um adolescente inconseqüente ao iniciar o setor de compras por computadores aos 20 e poucos anos, nem citou sua tolice infantil sempre que os preços de suas ações caíram? Perguntas como essas são meramente retóricas, já que qualquer garota que trabalha para viver conhece as respostas. Tudo isso porque, mesmo no começo do novo milênio, os homens ainda estão em primeiro plano no mundo do negócios.

Entretanto, é com prazer que lhe conto que Michael Dell foi responsável por lançar um amigo meu ao inferno dos 30 anos. Esse cara, um jornalista com 20 e tantos anos, contou-me que, durante uma pausa em sua entrevista com Michael Dell, eles se olharam e perceberam que tinham a mesma idade. "Aquilo foi horrível", resmungou meu amigo. "Ele é um triliardário e eu... não".

"E nunca será se permanecer no jornalismo", garanti.

É um Meio de Vida...

É importante compreender o que aconteceu com Jamie Tarses, porque assim que uma garota chega aos 30 e começa a curtir o que seus anos de experiência lhe trouxeram, ela precisa memorizar esta frase: tudo é limitado.

Estamos no começo do século 21 e as mulheres ainda ganham apenas 70 centavos para cada dólar que um homem com a mesma qualificação ganha. Toda uma geração de mulheres cresceu com a mesma educação que os homens e nada mudou. Quase todas as publicações setoriais trazem a lista de "Quem Ganha o Quê", todos os anos, e essa lista sempre revela que – surpresa! – os trabalhadores com pênis recebem mais. Isso acontece em todos os setores, com a possível exceção de seis ou sete mulheres que são lindas o suficiente para ganhar milhões com sua magreza. Do mesmo modo, os artigos que pesquisam os 100 executivos mais bem pagos nos Estados Unidos trazem apenas nomes masculinos. (E todos brancos também, claro.) Também são necessários óculos escuros e alto nível de testosterona se quiser abrir qualquer relatório anual das principais corporações e dar uma olhada na lista de diretores. Certo, sempre há uma, talvez duas mulheres no quadro diretivo, talvez até uma certa cor entre os membros das diretorias mais esclarecidas (ou politicamente corretas). Mas, em geral, ainda se trata das corporações americanas de 1970.

São fatos publicados em preto e branco o tempo todo durante todo o ano.

Portanto, são com essas informações que nós, mulheres, devemos prosseguir com a construção de nossas carreiras. Agora, podemos ser levadas mais a sério – contanto que fiquemos sob controle sem almejar chegar às alturas. Embora muitas garotas tenham provado que podem ir tão longe quanto quiserem, a maioria delas teria de admitir que para chegar lá tiveram que vencer os garotos em um jogo projetado por eles mesmos.

Grande parte das mulheres jovens começa a se dar conta disso quando já está no trabalho há pelo menos sete ou oito anos. A ficha cai lentamente, especialmente para nossa geração que cresceu com a boa vontade do movimento feminista, mas sem saber como tinha sido a vida das mulheres anteriormente. Crescemos com opções ilimitadas, nunca nos passou pela cabeça que não conseguiríamos ser professoras de matemática, cientistas nucleares nem bombeiras, mesmo que fosse isso que quiséssemos. Foram necessários alguns anos depois da faculdade ou da escola técnica para começar a ver exemplos de como estávamos erradas.

Lembro-me do dia em que descobri que um colega com a mesma formação que eu, e exatamente com o mesmo tempo de experiência, ganhava 20 mil dólares a mais por ano. Logo imaginei que se tratava de um grande engano, uma falha do Recursos Humanos. Fui destemida perguntar a um chefe, e pela primeira vez fui contra as justificativas criadas pelo pessoal encarregado de explicar esse tipo de coisa.

"Ele já fez isso antes". (Sair de cena literalmente parece bom?)

"Está em uma área mais especializada".

"Entrou em um nível superior enquanto você começou como estagiária". (Tolinha!)

E a minha favorita: "O que você fez para merecer um aumento de salário?"

Tudo bem, estou amargurada. Provavelmente, não sou a melhor pessoa para falar sobre mobilidade profissional já que não me encaixo na estrutura corporativa de jeito nenhum. Só os relatórios anuais me fazem querer abandonar o emprego imediatamente e sair correndo do prédio (e você deveria ver como ajo *depois* do relatório). Não consigo pôr um armário abaixo; sei que combinar vestidos de 200 dólares com um par de tamancos confortáveis e nenhuma maquiagem pode funcionar com a Sandra Bullock, mas não comigo. E muito menos tenho estômago para suportar o mesmo emprego por mais de três anos, entrando num estado de escravidão completa e desmoralizante já na metade do segundo ano para que no final do terceiro esteja completamente improdutiva e propensa a caminhar por aí, levando as mãos à cabeça e resmungando que não há mais esperança, nenhuma esperança. Como você pode ver, sou obrigada a escrever porque não tenho competência para fazer nada mais. Isso também significa que passo boa parte do meu ano fazendo trabalhos temporários para que possa pagar o aluguel todos os meses. Em outra era, provavelmente venderia fósforos.

Em vez disso, converse com os milhões de mulheres por aí que conseguiram avançar significativamente em suas carreiras. Entretanto, elas também dirão que suas vitórias estão baseadas nos padrões masculinos de sucesso, e que o dinheiro e a glória corporativa não são tudo aquilo que imaginávamos ser.

Implante do Silício

Linda Sandifer é uma consultora financeira de 40 anos, em Sunvale, Califórnia, que não teve seus anos de trabalho árduo e esforço ignorados. Apesar de não ser uma das raras milionárias produzidas no Vale do Silício, nos últimos 20 anos, Linda tem dinheiro suficiente para viver com conforto e ao mesmo tempo financiar sua coleção de arte e distração como designer.

Tornou-se maior de idade na metade dos anos 70, quando Watergate e o movimento feminista estavam em força total. As pessoas desafiavam as autoridades em todos os lugares e, quando ela entrou na faculdade para estudar contabilidade, sua mente não tinha dúvidas de que chegaria ao topo da profissão.

"Mergulhei de cabeça na minha profissão. Eu realmente acreditava que as mulheres tinham 'estacionado' ao ter filhos, e achava que seria totalmente realizada na vida se me dedicasse somente à profissão", afirma. "Fui de um extremo ao outro".

Acredita que sua mãe não foi feliz com sua opção de casar e ter filhos. Preferia ter sido uma mulher de carreira, o que para ela não significava apenas ser uma professora ou enfermeira de sucesso, mas uma mulher que ganhasse muito dinheiro. Linda cresceu acreditando nisso também.

Seguiu no setor financeiro, estudando contabilidade na Universidade de Maryland, onde conheceu seu marido, John, um engenheiro de software. Ouvindo o chamado da alta tecnologia, os dois se mudaram para São Francisco, no começo da década de 80, bem a tempo para a revolução do computador pessoal.

Linda teve muito sucesso na cultura de trabalho árduo e jogo duro no Vale do Silício. Sua vida profissional consumia todo seu tempo, trazia gratificações pessoais e financeiras e apresentava desafios constantes no mundo acelerado das finanças do Vale do Silício.

Foi com 30 e poucos anos que fez uma pausa para avaliar sua situação.

"Acho que foi quando estava trabalhando para o diretor financeiro de uma empresa, um rapaz apenas dois anos mais velhos do que eu. Sempre pensei que chegaria à diretoria financeira, mas quando vi o peso sobre seus ombros, quando vi as exigências para chegar lá, não gostei nada do panorama. Foi como um balde de água fria. Percebi que não era isso que queria para mim".

Basta, já tinha feito todas as coisas "certas" para chegar até ali e não gostava da idéia de continuar a fazer as mesmas coisas para seguir seu progresso. Estava corroendo seu estômago por causa das políticas do Vale e sua cultura de consumo. "Ainda dirigindo o Honda?", comentou uma conhecida que a observava com desprezo da janela do seu novo Lexus e era exatamente o tipo de atitude que Linda não agüentava mais, apesar de poder pagar pelo carro que quisesse. Precisava ter mais controle sobre o trabalho e a vida.

"Minha vida sempre girou em torno do meu trabalho", disse. "Nunca tirava férias, pois sempre precisava planejá-las em torno de uma auditoria de final de trimestre, final de ano, ou quaisquer outros números que estivessem sendo divulgados na semana. Sempre havia fatores externos relacionados com a empresa que determinavam o que eu podia ou não fazer".

Foi mais ou menos nessa época que muitas amigas começaram a ter filhos. Essa tendência era vista com certo desprezo, pois parecia óbvio que havia algumas mulheres que simplesmente não estavam preparadas para progredir em suas carreiras, pensava. A idéia de ter filhos tinha sido um problema cronológico no passado. "Em algum momento, no final dos meus 20 anos, senti esse impulso biológico de ter filhos, mas meu marido não estava pronto", disse. "Então arquivei a idéia, porque nesse instante soube que, se um dia decidisse ter filhos, precisaria estar com um homem que realmente os quisesse".

Houve um momento no começo dos seus 30 anos em que questionou sua motivação e expectativa. Observou as duas opções à sua frente e perguntou do que tinha medo.

"Fiquei pensando por que imaginava que seria um desastre como mãe", lembra. "Todas as mulheres à minha volta estavam tendo filhos e não pareciam ser nenhum fracasso, pelo contrário, sentiam-se mais fortes".

Foi aí que viu, pela primeira vez, que havia um modelo masculino de sucesso e um feminino, e que durante todos esses anos esteve perseguindo o modelo masculino: uma carreira que consome toda sua energia e uma vida familiar nas sombras.

Quando percebeu que poderia ter uma família e um trabalho que gostasse, já tinha perdido o interesse. "Em vez de dar tudo de mim para a corporação, teria de dar tudo para essa criança. E, nesse momento, não quero fazer nada disso, só quero dar tudo de mim para mim mesma".

E esse foi o caminho que seguiu. Há alguns anos, Linda deixou a empresa e passou a trabalhar sozinha como consultora financeira. Essa nova função traz os desafios de trabalhar numa variedade de campos diferentes, além das recompensas financeiras. Conforme o negócio se expande, lentamente ela se prepara para aventurar-se naquilo que sempre sonhou: importação de tecidos. Observando sua carreira em retrospectiva, Linda não se arrepende de suas escolhas, porém gostaria de ter conseguido ver as coisas com maior clareza no começo, mas assim é a juventude.

"Para ser realmente feliz é preciso ter uma vida equilibrada, isso significa ter amigos, uma família e um trabalho que você ame. Qualquer pessoa que esteja procurando a felicidade em algo específico ficará decepcionada. Não é possível ter tudo", diz. "Não ao mesmo tempo. Não a menos que seja realmente rica e possa pagar a melhor babá do mundo".

Terninho

Algumas meninas poderosas em suas profissões estão felizes – melhor, aliviadas – de chegar aos 30 porque isso significa que finalmente ficarão bem naquele terninho clássico.

Não foi tanto o envelhecimento físico que preocupou Rosemary Ryan. Ela admite prontamente que, com seus terninhos e comportamento profissional, as pessoas já imaginavam que tinha 35 há anos. "Lembro de ter sido contratada pela Chiat Day, aos 26, e ouvir meu chefe dizer: 'Você é jovem, mas se comporta como se tivesse 30, então se sairá bem'".

Foi mais uma questão de percepção – como se via e como os demais a viam. Costumava ser a jovem brilhante da Avenida Madison, a garota ingênua com a criatividade e a astúcia para negócios como uma pessoa mais velha. Agora, se preocupava com a possibilidade de as pessoas se cansarem dela. Podia impressionar seus colegas aos 29, mas aos 30, suas observações ou idéias poderiam ser vistas meramente como um trabalho competente de uma profissional madura. "Realmente me preocupava que a percepção das pessoas mudasse no espaço de um dia".

Passou-se quase um ano antes que, finalmente, começasse a se sentir bem com sua nova década. Dentre todos os lugares que poderia acontecer, Rosemary deu-se conta disso no chuveiro. "Lembro-me daquele banho até hoje", ela ri. "Olhei para o meu corpo e pensei: 'Meu Deus, sou uma mulher. Não sou mais uma menina. Isso me fez muito bem, porque nem sempre me sentia bem por ser jovem. Às vezes, simplesmente me sentia como uma menina no meio dos adultos".

Então, ser uma menina superpoderosa também tinha suas desvantagens? "Tinha", admite. Havia momentos em que evitava confessar sua idade só para evitar a reação típica: a hesitação de um cliente, talvez até mesmo uma ponta de dúvida de que alguém tão jovem pudesse lidar com uma conta tão importante.

Já na casa dos 30, as vantagens foram logo percebidas: os colegas ainda a viam como uma jovem linda e charmosa, mas também a respeitavam por seu talento e experiência. Essa nova combinação se encaixava perfeitamente. Na verdade, quanto mais pensava a respeito, mais percebia que finalmente sua idade mental e física se igualavam. "Nasci com 35 anos", diverte-se. "Nunca fui uma criança rebelde, era muito independente e não precisava de muita supervisão. Então, agora me sinto muito bem nesse novo corpo".

O Mundo dos Bicos

Cynthia Baker é a rainha dos bicos. Pelo que se lembra, já fez 100 bicos diferentes desde que se formou na faculdade aos 23, agora tem 33. Essa situação se deu, acredita, por sua opção de curso – psicologia – e sua habilidade como datilógrafa. "Sei bastante de psicologia para saber que deveria ter examinado minha cabeça por ter trabalhado em bicos por tanto tempo", admite. Mas essa mulher moderna de Los Angeles traçou um plano melhor depois de perceber que poderia combinar seus conhecimentos de escritório com seus conhecimentos da natureza humana. Hoje em dia, vende seu tempo para novos empresários que precisam estabelecer rapidamente bancos de dados intuitivos e esquemas administrativos. É muito boa naquilo que faz e, depois dos três primeiros meses conturbados, anda bastante ocupada. Demorei três semanas para conseguir até mesmo 40 minutos de seu tempo pelo telefone. Hoje em dia, é muito respeitada, bem paga e bem vestida. Dá para imaginar o que ela faz? (Dica: não faz mais bicos.)

Cerca de 40% da força de trabalho (ou mais, dependendo de qual país estamos falando) são de empregados temporários. É uma maneira inteligente desenvolvida pelas corporações para evitar quaisquer obrigações para com esses membros de sua força de trabalho. É bem possível que você já tenha feito algum trabalho temporário, então já sabe como funciona: trabalho por um curto período de tempo, baixo pagamento por hora, nada de benefícios, nada de licença médica, nada de férias e uma vaga promessa de uma colocação na equipe como uma cenoura presa à ponta de uma vara que você nunca alcançará. Se você é o tipo de garota que prefere ter uma vida a um emprego, como discutimos anteriormente, então o trabalho temporário pode ser ideal: trabalho fácil, sem compromissos e políticas empresariais que nunca a favorecem. Mas, quando estiver chegando aos 30, talvez passe a apreciar a jornada de oito horas com um salário de 9 dólares por hora. De repente, sentirá vontade de ser honesta ao dizer o que faz para viver. Talvez esteja cansada de certas regras do mundo dos bicos, como aquela que diz que todas as garotas em trabalhos temporários devem ser administradoras que nunca ganham mais do que 15 dólares por hora, enquanto os rapazes são especialistas em computação que ganham 20 dólares ou mais. Ou simplesmente tenha engolido sapos demais e agora queira se vingar.

Se estiver nessa situação, chegue mais perto e deixe-me sussurrar uma palavra em seu ouvido: consultoria. "O quê?", você pergunta, chocada com minha insolência. Você não é qualificada o suficiente para ser uma consultora bem paga? Bobagem. Qualquer pessoa pode ser um consultor. É verdade que existem consultores "de verdade" com experiência em assuntos assustadores como finanças, manufatura e UNIX, mas também é verdade que o mundo está repleto de consultores de 22 anos que arrancam vários dólares dos gerentes intermediários, com vinte anos de experiência, simplesmente para dizer como reorganizar seu fluxo de caixa.

Muito mais importante do que a experiência no mundo da consultoria é a confiança. Ou melhor, é preciso mais do que confiança, é preciso *audácia*. Basta convencer a si próprio e mais um gerente de projetos que você tem uma habilidade sem a qual o grupo não poderá sobreviver e que é a única pessoa qualificada para tal nesse hemisfério. Toda essa audácia será necessária porque é preciso conseguir olhar nos olhos desse gerente e convencê-lo a pagar-lhe 50 dólares por hora para montar e manter seu banco de dados, quando há apenas duas semanas você não passava de uma temporária com salário de 13 dólares por hora para fazer a mesma coisa em outra empresa. E ainda é preciso convencer esse cara de que ele está fazendo a melhor coisa para a empresa ao contratá-la. Por que suas pernas estão tremendo? Os homens fazem isso o tempo todo. A única diferença é que eles têm a vantagem de trazer em si a testosterona que facilita na crença de que seu trabalho vale 75 dólares por hora. Acredite em mim, irmã, você vale muito mais, mas seu preço aumentará constantemente a cada nova contratação, não é? Se for de alguma ajuda, use esse plano como uma desculpa para sair e comprar uma roupa de arrasar para praticar sua audácia na frente do espelho.

Acredito que qualquer garota que passou os últimos dez anos tentando ganhar a vida já viu seu mar de rosas secar com a aridez da realidade. O mundo do trabalho não é justo, nem divertido, nem amigável e certamente não está nem aí para os seus ideais. Mas é preciso ganhar dinheiro de alguma maneira. A conclusão para a garota de 30 anos que está construindo sua carreira é a seguinte: vença o jogo da maneira que quiser, mas faça isso por você.

8 Namoro aos 30

Posso falar algo bastante óbvio? Se você ainda não está casada, provavelmente já está namorando há mais tempo do que a maioria dos casamentos costuma durar. Já possui certo conhecimento; talvez já tenha decifrado uma página ou duas do livro *The Secret Guy Decoder Book* (e merece aplausos por isso). Você tem anos de estudos sobre os homens, sabe que se trata de uma raça estranha nada superior às fêmeas da espécie. Nesse ponto, já sabe o que quer do namorado, o que provavelmente é muito diferente daquilo que queria aos 20 anos. Também já deve ter percebido que o namorado aos 30 é um animal totalmente diferente: não é mais aquele cordeirinho de nariz rosado e pêlo felpudo do passado. Não, se assemelha mais à tarântula. *Credo*, que horror! Concordo, mas deixe-me explicar.

Não Há Regras

Quando uma amiga minha editora me contou sobre o livro *The Rules* e o que continha, senti repulsa e fascínio ao mesmo tempo, mais ou menos como esticar o pescoço o máximo que puder para ver aquele acidente de carro na outra pista, enquanto protesta em voz alta que odeia pessoas que fazem isso. (Esse livro promete falar sobre métodos garantidos para encontrar um marido, contanto que se transforme numa senhora da sociedade sulista de 1955.) Você já deve ter ouvido falar desse livro, e Deus o livre, talvez o tenha comprado (como uma experiência cultural e sociológica, *claro*) para ler com atenção as informações trazidas por ele. Tenho certeza de que você superou imediatamente a necessidade de ingerir algo purificante e partiu em disparada para a seção de livros de ficção, onde leu algum livro de Melville até se sentir melhor. Sinto muito por essa experiência, mas eu não estava lá para arrancar o livro das suas mãos e jogá-lo numa área de segurança, como na prateleira de revistas masculinas.

Essas não são as regras, por favor. Sou da opinião de que qualquer homem que segue por esse caminho não vale a pena nem ao menos para mostrar às suas amigas como um objeto de curiosidade antes de mandá-lo embora novamente. Apesar das aparências em contrário, existem muitos caras legais por aí que vão amá-la mesmo sem a maquiagem; caras que ficam muito felizes por você ligar de volta e convidá-los para sair; caras que ficaram orgulhosos por ter conhecido uma garota tão engraçada, independente, verdadeira e sexy como você. Nunca caia na armadilha do desespero.

Lugares Onde Conhecer Homens

A garota aos 30 que ainda insiste em conhecer rapazes em bares está dizendo a si mesma que realmente deseja o tipo de homem que se encontra em bares. Merece aquilo que consegue. Aos 30 anos, você já deve ter percebido que os caras que ficam nos bares não são o tipo de homem correto e sensível que as mulheres em geral consideram adequado para ser seus maridos. Você já percorreu as estradas mais óbvias em busca do amor – Alameda Amor às Cegas, Avenida Colega de Trabalho, Rua Tia Gertrudes – e nenhuma delas a levou aonde queria estar. Fica claro que é preciso empregar métodos mais criativos. Recomendo matricular-se numa aula de lambada imediatamente.

Já sei o que você está pensando: "Mas freqüentei cinco turmas de dança de salão durante meus 20 anos e os únicos homens que conheci eram velhos carecas de 45 anos chamados Oscar". Eu sei, eu mesma tenho um episódio para contar numa aula de dança de salão. Minha amiga Eva e eu nos matriculamos em um curso de dança de salão de um centro comunitário local. Lá nos divertíamos depois do trabalho dançando com outras mulheres, com a exceção de alguns cavalheiros simpáticos. O rapaz entrou na sala por 20 minutos, 1 metro e meio, cabelo ruivo em estilo afro, camisa de poliéster, colar de ouro e um sotaque de europeu do leste. Passou os olhos pela sala, e todas as mulheres olharam para baixo disfarçando. Claro que se interessou pela minha amiga, que me olhou desesperada e disse "Socorro", quando ele a convidou para dançar. Seguiu-a pelo resto da noite, e já no final pediu seu telefone, apesar de havermos dito que ela não era desse país, que morava com seu pai e seis irmãos e que na verdade não tinha telefone.

A aula de lambada não atrai esses tipos. Em primeiro lugar, o "giro duplo com um braço" é muito mais difícil e exige muito mais coordenação do que o tradicional dois pra lá, dois pra cá. Muitos dos saltos e balanços exigem força e o parceiro precisa ter uma certa altura para liderar. Também parece haver regras de etiqueta inerentes ao cenário da lambada, algo que remonta à época em que os homens eram cavalheiros e acendiam os cigarros das garotas. Talvez você encontre o homem dos seus sonhos. Pelo menos conhecerá rapazes que dançam melhor do que você e têm algum estilo. Talvez até aprenda como fazer um Martini decente, o que poderá ser útil para pagar o aluguel algum dia.

As Casamenteiras

As agências matrimoniais são para os anos 90 aquilo que o namoro pelo computador foi nos anos 80. Mas vamos esperar que funcione um pouco melhor do que as abominações formadas quando duas pessoas eram reunidas de acordo com sua data de nascimento, cor dos olhos, comida favorita e CEP. Pelo menos nessa atividade, há uma pessoa real envolvida, e bastante histórico pessoal também.

Essas agências podem ser bastante caras, mas, se estiver em posição de pagar por tais serviços, deveria beneficiar-se deles. A gama de homens é geralmente de uma qualidade superior aos rapazes comuns encontrados na rua. E esse tipo de serviço é muito útil por resolver um problema primordial: quando você encontra o homem (que também pagou pelo serviço), é de se supor que ambos compartilhem do mesmo objetivo romântico.

Eventos de Caridade

Pegue uma amiga e inscreva-se na caminhada pela Paz ou na maratona de dança pela Aids. Ou seja voluntária para trabalhar em um estande da feira local. Todas essas opções a colocam no meio de centenas, às vezes milhares, de membros do sexo oposto de potencial variável.

Certo, é verdade que uma maratona de dança pela Aids pode colocá-la no meio de homens extremamente quentes (caso você dance bem), mas poucos estarão dispostos a dormir com você. E daí? Os gays estão sempre prontos, dispostos e capazes de ajudar quando se trata de dicas sobre cabelo, corpo e maquiagem. Sugiro que você tire proveito dos seus serviços, já que provavelmente sabem mais dessas coisas do que você.

Caso contrário, divirta-se bastante nesses eventos de caridade. Você me agradecerá porque, numa tarde quente de verão, enquanto cuida de uma barraca de cachorro-quente sem fins lucrativos, verá que está cercada por homens a admirando. Talvez estejam admirando seu espírito comunitário (ou talvez estejam admirando sua camiseta suada e agarrada ao corpo). Seja como for, a situação propicia o início de uma conversa entre vocês. Cerca de meia hora pode ser gasta com assuntos diferentes daquele em questão, que é, claro, se você tem namorado, qual é seu número de telefone, se gosta de comida indiana e assim por diante.

Como Sobreviver a uma Noite com Três Casais

Uma conseqüência infeliz do envelhecimento é que todos à sua volta começam a encontrar seus pares. Isso significa que a probabilidade de passar toda uma noite com casais que querem falar sobre alianças de noivado e novos móveis para a sala aumenta a cada dia. Tipicamente, há um período, de um ano ou dois, em que você ainda tem uma amiga solteira com quem pode contar para sua vida social. Mas, um dia, poderá ver seu nome na revista de ex-alunos da faculdade como a última garota ainda solteira. Nesse caso, se planeja pôr o pé para fora de casa, isso significa ter de passar a noite com pelo menos um casal, e, no pior dos cenários, dois ou mais casais recém-formados. Em Nova York, tive uma amiga que certa noite voltou de um passeio como esse e me forçou a tomar um táxi com ela, rodando a noite toda em uma vigilância suicida. Aquilo tinha mexido bastante com ela. "Todos só falavam de alianças de noivado!", chorava. "Nem queriam comer!"

Esses podem ser momentos difíceis, mas aqui estão algumas táticas de guerra para sair dessas situações quando se encontra presa:

- Ligue para aquele seu amigo gay lindo de morrer e implore para que tenha pena de sua vida miserável e a acompanhe nesta noite, agindo como se fosse macho suficiente para convencer a todos os demais. Diga-lhe que não precisará beijar e que você pagará pelo jantar. Prometa apresentar seu irmão charmoso se ele reclamar.

- Leve uma mala de mão de bom gosto e espere até que o assunto da conversa passe a ser os sogros, ou algo tão deprimente quanto isso, e levante imediatamente dizendo que é uma pena ter de perder o resto da noite, mas que tem um vôo marcado para Paris. Explique rapidamente que é uma viagem de última hora e que Pierre comprou a passagem para você. Sorria, misteriosamente, mas não diga nada quando perguntarem quem é Pierre. Lembre-se de fazer cara de desmemoriada, quando encontrar qualquer um desses casais novamente e perguntarem quem é Pierre, como se ele já fosse coisa do passado. A vida deles parecerá bastante monótona em relação à sua.

- Anuncie que aderiu a uma nova religião que prega o amor livre e o sexo grupal entre seus membros, todos entre as idades de 19 a 35, e que agora você goza da atenção de vários rapazes lindos e jovens. Mas, tragicamente, existem três mulheres para cada homem, portanto, você precisa encontrar novos recrutas. Será que seus amigos poderiam sugerir alguém?

O Dilema Central do Namoro para as Garotas de 30

A maioria dos homens são idiotas. Muitos deles, ou pelo menos a maioria que permanece no grupo dos solteiros, parece ter delírios de grandeza e acreditam que, apesar de serem baixinhos, carecas e ainda viverem na casa da mamãe, só devem namorar beldades estrangeiras de 19 anos.

Trata-se de um fato estabelecido: o dilema central do namoro para uma garota que está perto dos 30 é a idéia promovida pelos homens de que, como está chegando nessa idade, quer se casar imediatamente. Muitos homens acreditam que o casamento passa a ser a única razão para namorar, e, se quiserem permanecer independentes, devem namorar apenas garotas que são jovens demais para pressioná-los com o casamento.

Como sabemos, a idéia de que as mulheres são obcecadas pelo casamento é um mito que deveria ter morrido em 1972. Mas ele ainda permanece. E daí se algumas de nós quiserem encontrar um homem decente (ou, em alguns casos, uma mulher decente) para casar? É apenas uma questão de sobrevivência e beneficia ambos ao retirá-los do cenário dos solteiros e permitir que paguem juntos o aluguel de um apartamento decente.

Além disso, embora todas sonhem com um Príncipe Encantado, podemos ficar sem ele se esse for o custo da nossa felicidade. Diferente das garotas solteiras do passado, não precisamos casar porque temos bons empregos, educação e muita atitude. Podemos cuidar de nós mesmas, obrigada. E, embora ainda haja algumas garotas por aí com a idéia de que precisam casar para ter segurança financeira, geralmente já saíram do mercado há algum tempo. No entanto, se você está caçando milionários octogenários, não ficarei no seu caminho, apenas não assine o contrato pré-nupcial.

Os homens estão muitos compromissados com sua falta de compromisso. Trata-se de uma característica inata: muitos se assustam e fogem ao primeiro sinal de um compromisso sério. É uma atitude masculina bastante cansativa, mas você, uma mulher de 30 anos, sabe o que fazer a seguir.

Digamos que conheça um cara e que ele saia vencedor daquele primeiro mês bastante crítico: por exemplo, ele telefonou na manhã seguinte depois de ter passado a noite com você já no terceiro encontro; foi aprovado por suas amigas; tem boa higiene. Você deve saber que a seguir vem o momento mais temido. Pode ser algo tão pequeno quanto um cartão enviado como um símbolo de sua afeição e amizade, o suficiente para que ele cancele o próximo encontro. Outras coisas também podem causar o mesmo efeito: ligações demais, apesar de se tratar de informações importantes; a pergunta retórica "O que estamos fazendo?", expressa na cama enquanto estão abraçados. É possível que nem tenha se dado conta do que disse devido à felicidade do momento, mas para ele é o começo de uma "conversa sobre relacionamentos", e, portanto, o começo do fim.

O que fazer? Eu digo: que se danem todos os joguinhos! Faça um novo risco no pé da cama para manter a contagem e caia fora dessa bagunça. Ou o palhaço sai correndo – e nesse caso você estava certa sobre seu caráter e estará melhor sem ele – ou perceberá, duas semanas mais tarde, que você é a mulher certa e voltará rastejando, e nesse momento já sabe o que fazer. Não vou ensinar uma garota da sua idade como fazer um cara implorar.

Homens Que Amam Suas Mulheres de 30 Anos e como Recompensá-Los

Há muitos homens por aí que acham que as mulheres com mais de 30 são a coisa mais sexy depois do sutiã meia-taça. "Eu acho que uma mulher de 30 é muito mais interessante", diz Dan LaSalle, 28. "São muito mais ... experientes".

Esse é o tipo de homem iluminado com quem você quer mergulhar de cabeça, mas existe um problema claro de oferta e procura. Minha sugestão é encontrar homens de 20 e poucos anos que estejam propensos a maravilhar-se com seu caráter, experiência e desejo sexual, e serão seus escravos do amor durante anos. Os homens nessa faixa etária não estão vivenciando nenhuma ansiedade, relacionada à chegada dos 30, que possa afetar o relacionamento de maneira adversa.

Classificados

Agora pode ser o momento de olhar os classificados com cuidado. Para nós, até aqui, ler os classificados tinha sido visto como entretenimento noturno que visava provocar o riso entre as garotas. ("Ei, ouve só este aqui: 'Gerente distinto procura virgem, 18-21, para rituais de sacrifício e caminhadas pela praia. Deve gostar de animais e ter senso de humor'".) Em primeiro lugar, podem ser necessários quinze anos namorando por aí para que você conseguisse pôr em palavras exatamente aquilo que procura em um homem.

Ouvi dizer que essas coisas realmente funcionam, mas duvidaria se fosse você. Eu mesma vivenciei o contrário, porque o único anúncio que realmente me aventurei a responder nunca deu sinal de vida, o que me desencorajou a fazer tal coisa novamente. ("Ele deve ter odiado minha foto! O que eu tinha na cabeça?") Mas tenho uma grande amiga que conheceu o homem com quem namorou sério por dois anos através de um anúncio nos classificados. Ela poderia ter casado com ele, exceto que, quanto mais avançava em seu doutorado de psicologia, mais estranho ficava, até que tudo que era pronunciado – como "Passa o ketchup, por favor" – se tornava um pretexto para um discurso interminável sobre sua natureza dominadora.

Tentando novamente, provavelmente, o segundo candidato que conheceu através desse método levou-a a um jantar fabuloso no qual a química e o vinho influíram maravilhosamente, levando-os a marcarem um segundo encontro, mas em seguida ela recebeu uma mensagem em sua secretária eletrônica dizendo que tudo isso não passava de uma perda de tempo e que, portanto, era melhor cancelar. Isso deve servir para mostrar-lhe quantos idiotas existem por aí.

Mesmo assim, trata-se de uma opção que pode trazer resultados, se gostar de aventuras e tiver senso de humor.

O que dizer num anúncio de classificados? Isso depende do que está procurando. Marido? Alguém para comer sushi com você? Alguém para comer sushi em *cima* de você? Escreva um anúncio adequado. Comece estudando os anúncios no jornal em que planeja colocar o seu. Isso ajuda a perceber a diferença básica entre o tipo de anúncio escrito por homens (todos exigem fotografia) e aqueles escritos por mulheres (todas buscam compromisso). Resista à tentação de brincar com a cabeça do homem enviando uma foto da Cindy Crawford. Resista à tentação de deixar mensagens grosseiras na secretária eletrônica daqueles homens patéticos que têm mais de 40 e querem namorar "mulheres" de 18 a 21. Por favor, tente ser um pouco original e pense nas coisas que gosta de fazer, não a mesmice dos jantares à luz de vela e as caminhadas pela praia (mesmo que curta esse tipo de coisa). Pense em três coisas diferentes que realmente goste de fazer para sobressair-se da multidão: jogar boliche, comer sushi macrobiótico e assistir a filmes alternativos. Até eu responderia a um anúncio assim.

Entretanto, não seja sincera demais no seu anúncio. Quando uma garota já tem 30, é capaz de resumir quem é e o que quer em poucas linhas. Os homens, no entanto, podem sentir-se confusos com o resultado. Kelly Garton escreveu um anúncio recentemente:

VOCÊ AMA DEUS? Tem compaixão, é grosseiro e anormal, e ama o belo? Você se sente à vontade tanto em reunião de igreja como em danceteria ou em um trem de um país distante? Tenho 30 anos. Ligue para mim.

Se você se lembra, Kelly é uma garota bastante interessante que passou seus 20 anos ensinando inglês em lugares longínquos. Também é uma aluna de astrologia bastante espiritualizada e aberta que gosta de dançar. "Percebi que se não entendessem a última frase, não ligariam de maneira alguma", disse. E estava certa. Recebeu um total de cinco telefonemas, e analisando melhor, teria retirado a parte que falava de Deus. "Recebi dois telefonemas de homens com problemas religiosos".

Um anúncio mais adequado que vise o homem típico seria mais ou menos assim:

CABELOS ESCUROS E LINDA. Magra, sarada e boa dançarina. Busco minha alma gêmea. Quero ler seu mapa astral hoje à noite.

Homem Certo e Bola da Vez

Agora você já deve saber que o Homem Certo aparece uma vez a cada três anos bissextos, e, quando aparece, é mais provável que esteja no Uzbekistão do que perto de você. Mesmo assim, precisamos saber a diferença entre o Homem Certo e a Bola da Vez.

A Bola da Vez é uma solução temporária, é seu entorpecente, alguém que a tira da aridez. É o cara com quem vai ao cinema porque, afinal de contas, até lavou o cabelo de manhã. A Bola da Vez é o cara com quem você se deita, mas realmente não quer saber nada mais sobre sua vida além do fato de que usa cuecas Ralph Loren. Trata-se de alguém de quem precisa pedir desculpas aos seus amigos. É uma medida desesperada.

E o homem certo? Definir o homem certo é como definir o obsceno: você saberá do que se trata quando vier, mas um bom palpite é o cara que compra-lhe sucrilhos sem que tenha pedido.

Judeus Legais

Na categoria de homens para casamento, os judeus estão nos patamares mais altos. Em geral, os judeus são inteligentes, engraçados, bonitos, ambiciosos e/ou tipos sociáveis que geram uma boa família com a chegada dos filhos. É menos divulgado (mas trata-se de algo importante) que geralmente são bons na cama também. Muitas garotas solteiras concordam que seria interessante conseguir um judeu legal para namorar.

E quem consegue encontrá-los? Um dia uma amiga e eu ficamos até tarde no trabalho falando sobre esse mesmo assunto: a probabilidade de encontrar e casar-se com um judeu interessante. Determinamos, depois de muita discussão, que era mais fácil ganhar 100 milhões de dólares na loteria com números escolhidos no meio de uma bebedeira.

Aqui está nosso raciocínio: quando um judeu está com 30 e poucos anos, ou seja, na idade de casar, é provável que já esteja casado ou, se não for o caso, esteja completamente defeituoso. Se tiver a mesma idade que você, vai preferir alguém mais jovem. Se você não for judia, talvez ele se apaixone perdidamente, mas só porque tem a conveniência de dizer que não pode casar porque você não faz parte da tribo. Se for judia, trocará por uma *shiksa*, preferivelmente uma mulher asiática. Quando os judeus fazem 40 anos, de repente percebem que querem o casamento e a família e correm atrás de lindas judias de 25 anos. (Ou se forem Jerry Seinfeld, lindas judias de 18 anos.)

Se for uma garota com 30 e poucos e quiser casar-se com um judeu, infelizmente as chances estão contra você. Não dá para vencer esse jogo, então, nem perca tempo tentando. Não é à toa que o índice de casamentos judaicos entre membros da mesma família é tão alto.

Homens e Sapatos – Uma Conexão?

Querendo ou não casar, quando você chega aos 30, o que mais deseja é um cara que se encaixe no seu estilo de vida e no seu orçamento. Eu comparo esse desejo com a procura por um par de sapatos perfeitos.

Não sou a Cláudia Raia (só porque não tenho o mesmo espaço no armário que ela tem), mas vamos em frente com a metáfora, certo? Comprar sapatos.

Você vai até a loja tendo em mente aquilo que está procurando, encontra a seção que tem o sapato que você mais gosta por um preço razoável e, visando poupar tempo, começa a experimentá-los. Alguns pares você nunca compraria; outros não serviram; outros serviram, mas fazem suas pernas parecerem grandes demais. Há ainda outros que parecem perfeitos a princípio, mas precisam ser devolvidos em uma semana porque enchem seus pés de bolhas. Você saberá quando encontrar o par perfeito. É provável que sejam aqueles que nunca tinha experimentado. Sabe-se, desde o início, assim que os coloca, que esses são os sapatos que estava procurando. São os sapatos que usará todo dia, quer combinem com sua roupa ou não, pois são os sapatos que lhe dão conforto, trazem felicidade, os sapatos que suportarão dias de chuva, sapatos que serão objeto de comentários por outras garotas.

Infelizmente, às vezes, os homens irritam um pouco mais do que os sapatos, mas não há nada de errado em sair descalça enquanto vai às compras.

Coração Partido

Ai, Ai! Você já passou por isso antes, e diferente da maioria das coisas da vida, um coração partido não fica mais fácil com o tempo. Entretanto, é possível que entenda o processo de um coração partido muito melhor do que quando tinha 16 anos, quando a dor da primeira decepção foi tão grande que ninguém conseguiu convencê-la que isso não era o fim. Agora você sabe, por exemplo, que nos primeiros dois dias acontece um desequilíbrio químico contra o qual não se tem forças para lutar, portanto, é preciso chorar, gritar, jogar objetos contra a parede e queimar tudo que pertence àquele patife. Mas, depois da primeira semana, o processo de cura se inicia.

E você já sabe o que fazer para ajudar tal processo:
- **Controle musical.** Evite estas músicas a todo custo:
    Sinead O'Connor – Nothing Compares 2 U
    O álbum *Seal*, do Seal
    A música Your Song, cantada por qualquer pessoa
    Qualquer música de Tori Amos

> ### Dicas de Namoro de Pessoas que Sabem Mais
>
> São dicas úteis de um grupo de garotas solteiras, com 30 e poucos anos, que vivenciaram, experimentaram e não planejam tentar novamente, a menos que estejamos falando do Homem Certo.
>
> + Não mude de cidade por causa de um homem, a não ser que esteja 100% certa de que é o Homem Certo. Na verdade, pergunte-se por que esse homem não pode mudar de cidade por sua causa.
>
> + Concorde com encontros às cegas. Apesar de serem verdadeiros desastres, na maioria das vezes, podem ser divertidos se você tiver a atitude certa. É fato comprovado que várias mulheres conheceram seus maridos em encontros como esses, portanto nunca se sabe. Além do mais, o jantar sairá de graça. Então, do que você está reclamando?
>
> + Pare de pensar que poderá reatar o namoro com seu antigo namorado, aquele com quem você morou depois da faculdade e que a magoou profundamente. Isso nunca funciona, nem nunca funcionou na história da humanidade. Mesmo que esteja solteiro no momento, não siga por aí.

- **Compras.** Vá a um brechó e gaste em roupas retrô e outras coisas dos anos 70. Mesmo que nunca chegue a usá-las, você se sentirá melhor. Se não é do tipo de garota que vai a brechós, vá até uma loja e compre o par de sapatos mais caros que encontrar e não se sinta culpada por isso. Algumas garotas preferem comprar maquiagem cara, outras preferem livros. Mas seja lá o que for, compre algo que lhe traga paz e alegria de viver.

- **Fumar.** Você realmente deveria parar, mas já deve saber disso. Mas todos os fins de relacionamentos imediatamente evitam que leve sua resolução a sério, portanto, um ou dois pacotes são permitidos até que você o tire de sua cabeça.

- **Fantasia.** Vá em frente e organize seus planos de vingança. Caramba, coloque-os no papel. Aquelas realmente interessadas em vingança podem criar um

- Lembre-se da regra de três: dê a um cara três chances de se redimir antes de dar-lhe um pé no traseiro. Os homens demoram todo esse tempo para se emendar.

- Se for brasileiro, não durma com ele na primeira noite mesmo que esteja morrendo de vontade. Até mesmo aqueles que usam cavanhaque e exibem diplomas de arte liberal trazem um pequeno anjinho puritano no ombro que sussurra que seria legal curtir a noite, mas você seria capaz de levar essa vagabunda para a casa da mamãe? Por outro lado, se for europeu e você estiver com vontade, vá em frente. Leve camisinhas.

- Sabe a história de ver como ele trata a mãe para saber como trata as mulheres em geral? É verdade. Portanto, observe cuidadosamente.

- Nunca namore um homem casado, mesmo que seja extremamente bonito e charmoso, mesmo que seja ótimo na cama. É possível encontrar alguém solteiro para seu sexo medicinal e assim evitar aumentar seu carma. Afinal, a que isso a leva? Você está interessada em ter um relacionamento com um homem que trai a mulher?

- Evite os árabes lindos e milionários com motoristas que dirigem em alta velocidade, bebem vinho e tomam Prozac.

site dedicado à humilhação e degradação do ex-amante, incluindo um espaço para sugestões de como humilhá-lo ainda mais.

- **Apoio.** Suas amigas já devem ser versadas em assuntos como esses e saber como fornecer apoio. Quando descobri que meu primeiro amor no colegial tinha me traído, duas das minhas melhores amigas vieram imediatamente atrás de mim, me encheram de chocolate e me forçaram a acompanhá-las a uma exibição do filme *Porky's*. Funcionou, à sua própria maneira. Mas, hoje em dia, um jantar na base do sushi, quatro rodadas de drinques e várias exibições de *Thelma e Louise* funcionam melhor.

- **Redirecionamento.** Redirecione sua amargura para algo mais construtivo. Aprenda origami, remo, ou faça o que Andrea McGinty fez e abra sua própria agência matrimonial.

Encontro no Almoço

O noivo de Andrea McGinty abandonou-a cinco semanas antes do casamento. Ligou e disse que não podia seguir com aquilo e que estava abandonando seu emprego no setor imobiliário para mudar-se para Los Angeles e virar ator. "Ele nem gostava de ir ao cinema", reclama.

Não foi um início muito fácil para seus 30 anos, e nada promissor para sua vida amorosa no futuro. Mas Andrea, que na época tinha 29 e trabalhava no marketing de uma grande joalheria, decidiu que a melhor maneira de superar o trauma de ser abandonada no altar era voltar ao mundo da paquera assim que pudesse levantar-se do chão e sair da posição fetal.

Mas a coisa estava feia. Assim como acontecia com muitas garotas de carreira, Andrea não conseguia encontrar homens interessantes no dia-a-dia do seu trabalho, que exigia que ela passasse boa parte de seu tempo na estrada. Isso também não lhe dava tempo para procurar em outros lugares. Então, deu os próximos passos óbvios – anúncios em classificados e agências. Essas opções também se mostraram nada românticas. Um encontro que marcou através de um anúncio de classificado foi tão ruim que ela saiu antes de terminar, só para ver o rapaz arremessar a pizza contra a parede. Um trabalhador da agência disse-lhe: "Você está envelhecendo, mas ainda é meio atraente".

"De repente, ser solteira e estar com quase 30 era algo muito difícil", disse. "O que se encontra por aí, em comparação aos 24 ou 25 anos, é um verdadeiro choque. Só me restavam os amigos, e eles diziam, 'Eu gosto da Andrea. Eu gosto do Bob. Nenhum deles fuma. Acho que seriam perfeitos juntos'. Essa era minha situação".

Na verdade, seus encontros eram tão ruins que começou a marcá-los somente no almoço, principalmente para ter uma desculpa plausível para ir embora depois de apenas uma hora, em vez de ter de aturar aquele inferno até altas horas quando preferia estar em casa de chinelos e roupão.

Os encontros através da agência não eram nada melhores, parecia que ninguém se importava em conhecer seus clientes pessoalmente e contavam apenas com o questionário que era preenchido e as fotografias. Andrea começou a imaginar um encontro ideal – onde duas pessoas civilizadas e bem escolhidas poderiam encontrar-se num local seguro, profissional e ainda assim confortável. Durante um almoço, por exemplo. A partir daí, começou a elaborar sua idéia.

"Foi de repente", disse. "Por que não abria uma agência desse tipo?" Com certeza, as pessoas pagariam, e bem, para encontrar outras pessoas interessantes desse jeito. Para provar sua intuição, ela arrastou uma amiga a um bar de solteiros muito conhecido, em uma certa noite, e ficou observando a multidão solitária e cheia de cerveja. "Viu?", disse. "Veja quantas pessoas estão aqui, e elas não querem isso! Veja no fundo dos seus olhos!" Sua amiga teve de concordar.

Nossa, só tinha que dar certo! Andrea trabalhava há bastante tempo com o marketing de joalherias para saber o valor daquele nicho de mercado. Pagou para obter uma lista de nomes e endereços do grupo demográfico que visava – solteiros, profissionais que ganhassem mais de 50 mil dólares por ano, o tipo de pessoa que geralmente não joga pizza nas paredes – e descobriu que havia 150 mil pessoas com esse perfil vivendo num raio de meia hora de caminhada de sua casa. O mercado estava bem ali.

Então, deu o próximo passo: largou seu emprego e fez um empréstimo no cartão de crédito de 6 mil dólares. Alugou um pequeno escritório no centro de Chicago e produziu 20 mil brochuras que ela e suas amigas enfiavam embaixo das portas das mesmas pessoas todos os domingos. E assim nasceu a agência *Just Lunch*.

Assim como acontece com todas as melhores idéias comerciais, essa foi tão simples que era impossível acreditar que ninguém havia pensado nisso antes. Andrea conhecia pessoalmente cada cliente antes de marcar encontros. Um bom par era anotado no papel, as reservas eram feitas em um restaurante de classe, próximo do trabalho de ambos, para um almoço social. Se tudo desse certo, o casal tinha a liberdade de marcar um segundo encontro e outros mais. Caso não desse certo, então era apenas um almoço e qualquer um dos dois estava livre para dar aquela desculpa da reunião das 14 horas. A partir daí, os clientes entravam em contato para esclarecer porque o encontro não foi bem-sucedido e da próxima vez tentava-se encontrar alguém mais adequado. Mais baixo, menos perfume, sei lá.

Para começar, Andrea fez inscrições gratuitas para vários amigos solteiros (para retribuir alguns dos encontros que arranjaram para ela no passado?) e esperou pela primeira ligação.

Na primeira vez, bastou um toque para que atendesse o telefone. O primeiro a ligar, um homem, perguntou quantas pessoas já estavam inscritas. "Você é a primeira", admitiu. Desistiu de inscrever-se até que a agência estivesse mais estabelecida. A segunda pessoa a ligar era uma relações públicas que ofereceu serviços gratuitos em troca da inscrição. "Não hesitei um só minuto", riu. Concordou e, em poucos meses, começaram a aparecer notícias da *Just Lunch* nas revistas e jornais locais. O telefone começou a tocar. Três meses depois de colocar sua placa na porta do escritório, Andrea tinha mais de 400 membros inscritos, cada um pagando 400 dólares por um total de seis encontros.

Os negócios estavam indo de vento em popa, mas e sua vida pessoal? "Quase não existia", disse. "Eu estava ocupada demais com o trabalho". Certo, tudo muito bonito, mas uma garota precisa de alguma distração romântica de vez em quando por motivos de saúde. Os amigos tentaram ajeitá-la com alguém, mas Andrea não tinha tempo para nada. Não, nem durante o almoço.

Então, um dia, um jovem advogado entrou no escritório para inscrever-se na agência. Andrea levou-o até a sala do lado para que preenchesse o formulário e ser entrevistado, tentando ser profissional apesar de ela própria tê-lo achado um gato. Depois que teve dois encontros de almoço, ele ligou para cancelar a inscrição. "Por quê?", indagou. "Fizemos algo de errado?" Não era isso, disse. É que tinha encontrado a mulher ideal e não precisaria mais dos seus serviços. "Isso é ótimo", disse Andrea. "Quem é a sortuda?"

"Você", afirmou o advogado.

Bem, claro que isso era bastante lisonjeiro, mas Andrea sabia muito mais sobre ele do que ele sobre ela, já que tinha feito a entrevista. Avisou-o sobre isso.

"Talvez seja verdade", disse o advogado, "mas você sairia comigo mesmo assim?" Andrea disse que não, claro que não. A política da empresa não permitia que saísse com clientes.

Então, o advogado manteve sua inscrição por mais alguns meses, mas só até encontrar outra maneira de convidar Andrea para sair. Dessa vez, disse que tinha alguns conselhos profissionais para dar-lhe em relação ao crescimento dos seus negócios. Agora, Andrea não podia dizer não, mas, quando se encontraram novamente numa manhã depois da ginástica (mesma academia, convenientemente), ele convidou-a para sair mais uma vez. De jeito nenhum, disse. Por que não? – insistiu ele.

Ela tinha uma lista de razões: não tinham nada em comum, e isso ela sabia porque tinha feito a entrevista. E o mais importante, ele tinha deixado bem claro durante aquela entrevista que "era contra a instituição do casamento". Disse-lhe que pretendia casar um dia e que, apesar de provavelmente não ser com ele, não queria perder seu tempo. "Estava sendo grosseira porque não me importava", admite Andrea. Além do mais, já estava saindo com um homem mais promissor.

Mas esse advogado, devido à profissão, não se amedrontou. "Vá para casa e pelo menos considere meu convite", disse.

"Não", disse Andrea, que já estava cansada de tudo aquilo. "Vá você para casa e considere se um dia planeja casar ou não".

Ele telefonou no dia seguinte e cedeu, provavelmente casaria um dia. Um dia... Ela concordou em marcar um encontro. Depois, um segundo. No terceiro, ele propôs casamento.

Andrea está casada com esse cara há três anos e seu negócio está melhor do que nunca, com novos escritórios em todo o universo conhecido. Pois é, sabe-se muito bem que assim que deixamos de nos importar, encontramos alguém imediatamente, mas aqui está um exemplo real de quando essa atitude realmente funcionou.

Auge Sexual

Faz muito tempo que você espera por isso, garota. Desde que perdeu a virgindade, de maneira dolorosa na garagem da casa dos pais do seu namorado, você espera por isso. Durante toda sua vida sexual, você tem ouvido histórias sobre o que acontece com o apetite sexual das mulheres depois que chegam aos 30, e nem é preciso dizer que algumas dessas histórias vão além do limite da naturalidade. Para algumas de nós, a promessa de chegar ao nirvana sexual é a única coisa que nos incentivou até aqui.

É um fato comprovado que as mulheres começam a atrever-se mais depois dos 30 e não encontram tempo suficiente durante o dia para fazer tanto sexo quanto gostariam. Isso é culpa da natureza. Na época dos homens da caverna, você provava seu valor para a tribo gerando muitos filhos e, agora que isso é passado, ganharia o direito de deitar-se com todos os jovens que quisesse.

Em vez disso, eles ganharam o direito de deitar se com você, mulherzinha fértil. A natureza deve ter decidido que as mulheres mais velhas e mais vorazes continuariam a gerar filhos se sentissem mais prazer ao fazê-lo, e assim seria promovida a continuidade da espécie.

As mulheres em seus 30 passam a relatar orgasmos duplos, até múltiplos, com bem menos esforço da sua parte. Sussurram sobre sonhos eróticos, durante o dia, que ocorrem repentinamente dentro do trem de volta para casa. Mentalmente, começam a despir os garçons. Secretamente, se preocupam que ficarão como os homens, pois essas novas taras são bastante estranhas e animalescas. "Se sempre quis experimentar novas técnicas ou equipamentos, é uma boa hora de começar", diz Isadora Altman, a sexóloga sindicalizada.

Parece interessante? Bem, espere um pouco senhorita. Você ainda não está no auge do seu auge sexual. Ele surge (de maneira bastante explosiva, segundo me disseram) dos 35 em diante. Como uma simples novata nas maravilhas da liberdade sexual, aos 30 anos você deveria simplesmente preparar uma boa base. Nunca as instruções como "praticar, praticar, praticar" foram tão significativas. Afinal, como poderá se tornar mestre se não dominar os fundamentos?

Isso significa que precisa começar a pensar como a mulher adulta que é. Primeiro, terá que conhecer os seus limites, depois, precisará do equipamento correto. Não perca seu tempo vasculhando a *Sex Shop* para ver se algo além do "papai e mamãe" chama sua atenção. Seu próprio quarto é muito importante, assim como também é aquilo que classifico como uma "cama para transar". É aquele tipo de cama grande (*queen* ou *king size*), limpa e confortável, que se encontra nos quartos da maioria das garotas solteiras com 30 e tantos anos. Enquanto decidia entre comprar uma cama ou apenas um colchão depois da mudança, recebi o conselho de uma amiga: "Não se restrinja apenas à cama. Às vezes, tudo no quarto precisará ser confortável". Um conselho muito bom, e, por causa disso, gastei um pouco mais e acabei comprando um dos colchões mais caros de Manhattan. Todos que já visitaram meu quarto se lembram do seu conforto e minhas noites de sono também foram muito boas. Quando dormia, é claro.

Outros implementos necessários para a preparação do seu auge sexual:

Um chuveiro funcional

Um vibrador confiável

Um pote de camisinhas de todas as cores e sabores

Lingerie simples e de alta qualidade (para você, querida, não para ele)

Também sugiro que leia alguma coisa de Anaïs Nin, além de toda a série *Beauty*, de A. N. Roquelaire (na verdade, Anne Rice). Essa literatura pode acrescentar um *frisson* quando necessário, ou pelo menos permitir que passe uma noite ardente consigo mesma. E só Deus sabe como tivemos que ficar boas nisso, não é garotas?

Boa parte de seu novo apetite sexual vem da autoconfiança recém-adquirida. Quando consegue tirar a roupa na frente de um cara sabendo que não possui o corpo da Pamela Lee, mas está ciente de que maioria dos caras está excitada demais para se importar com isso, então você sabe que atravessou essa barreira. Como pode fazer um sexo animal se morre de vergonha que ele veja o seu bumbum? Não. Você precisa sentir-se bem com o corpo que tem, e, para a maioria das mulheres, são necessários trinta anos para se chegar nesse estágio. Mais cedo ou mais tarde, você começará a se sentir bem com o seu corpo e, então, os homens tropeçarão uns nos outros para falar com você quando entrar em um ambiente. Para agir como uma deusa sexual, é preciso ver-se como uma deusa sexual, tendo peitos turbinados ou não.

Com o equipamento certo e a atitude adequada, você estará pronta para curtir o sexo como nunca fez antes. Claro que aproveitar o máximo do seu auge sexual depende muito do tipo de garota que você foi durante seus 20 anos. Sua experiência sexual veio de rapidinhas semanais, que levavam dois minutos com seu namorado da faculdade (nesse caso, tem muito o que correr atrás), ou era mais do tipo "não deixo nenhum homem passar ileso"? Se pode citar mais de 20 nomes na sua lista de amantes, então agora é hora de buscar qualidade em vez de quantidade. Sugiro que se especialize em algumas subcategorias. Por outro lado, se você é uma flor delicada e intocada, sugiro que entre em contato com a louca que existe dentro de você.

Tenho uma amiga que viria atrás de mim e me mataria se eu dissesse seu nome e a associasse de algum modo ao relato a seguir. Essa amiga e eu nos conhecemos desde os 20 e poucos anos, quando nos encontramos no primeiro emprego depois da faculdade. Freqüentemente, fazíamos longas caminhadas para tomar café sempre que tínhamos a chance, e falávamos sobre aquilo que preocupava a maioria das garotas com 22 anos: baixos salários, condições de quase escravidão no trabalho, nossos terríveis colegas de quarto e, claro, nossos namorados. Sempre que a conversa chegava em sexo, eu percebia com certo desconforto que, apesar de nossos pontos de vista concordarem na maioria das áreas, eles eram certamente diferentes em relação a isso. É claro que ela tinha tido dois parceiros em sua vida enquanto eu, ah, tive muitos mais, e que minha visão de sexo como esporte era algo com que não concordava.

Vamos dar um salto no tempo... para dez anos depois. Ainda somos boas amigas. Depois de ter mudado para o outro lado do país e voltado, estávamos morando na mesma cidade novamente. Ela me contou sobre um cara que conhecia há muito tempo, um amigo de família. Disse-me que ele, ela e um grupo de amigos saíram na noite passada e que, no final da noite, ficaram apenas ele e ela, e de algum modo acabaram, sabe, juntos. "Então, vocês trocaram carinhos", falei. E, pela nossas antigas conversas, eu sabia que ela não iria além disso com um cara que não estivesse namorando há semanas. "Oh, não", disse enfaticamente. "Eu precisava fazer sexo. Ele teve de passar a noite". Bem, meus olhos ficaram arregalados. Parece que minha amiga tinha passado por sua própria metamorfose sexual, provocada por anos de experiência, autoconfiança ampliada e, presumidamente, maior conhecimento do comportamento masculino.

Se estiver chegando perto dos 30, é provável que tenha notado uma mudança na temperatura quando se trata daquilo que você espera do sexo. Todo mundo fica mais arrojado com a experiência, mas também é uma questão hormonal. Aquilo que antes a deixava um pouco enojada, agora faz com que caia da cadeira de desejo. É a natureza reforçando o panorama geral – que tudo na vida, desde os orgasmos até seu prato misterioso para o jantar, ficará cada vez melhor a partir daqui. E ninguém sabe mais do que a Mãe Natureza, não é?

Então, vá, fundo, amiga. Vá até a cidade e não deixe pedra sobre pedra. Pense no namoro aos 30 e poucos anos como as Ligações Perigosas (sem aquelas perucas da época – a menos que esteja interessada). Você tem idade e astúcia suficientes para gerar as intrigas que quiser nas questões do coração, e idade suficiente para arcar com as conseqüências das suas ações. Só não seja tola em relação a isso. Se chegou até aqui sem doenças, agora não é o momento de ser apresentada a doenças novas e incuráveis. Você já tem idade para saber como se prevenir.

Famosas Últimas Palavras

A secretária eletrônica completou 30 anos em 1997; o café instantâneo fez 30 em 1998. Não há dúvida que muitas de vocês estão prestes a completar 30, se já não tiverem. Nem preciso dizer que a secretária eletrônica se tornou uma máquina sem a qual as garotas não vivem, nem que quase todo mundo tem um pote de café instantâneo no armário da cozinha só para garantir. Aonde estou querendo chegar? Você ainda é relevante, menina. Mas agora me diga – qual é o seu prognóstico?

Espero que não envolva nada da tensão dos seus 20 e tantos anos. Bem, isso deu um bom drama e, assim, talvez tenha sido apropriado no momento, mas aonde toda aquela preocupação a levou? Levou aos 30 anos, e agora tudo está muito melhor, certo? Claro que está. A verdade é que não há nenhuma desvantagem de chegar aos 30.

Espero que possa ver tudo com mais clareza agora. Espero que esteja descobrindo que ser uma mulher com 30 e poucos anos é como vivenciar o melhor verão de todos: vários projetos legais, boa comida, caminhadas radicais. Talvez até um boneco Ken.

Quando todas aquelas mulheres me encurralaram no meu escritório na semana que antecedeu meu 30º aniversário e me disseram que a vida melhoraria logo, eu não acreditei. Quando insistiram que coisas maravilhosas aconteceriam entre os 30 e os 33, sacudi a cabeça e bati o pé. Não! Comigo não seria assim. Eu estava abalada demais, triste demais, infeliz demais naquele momento.

Mas elas estavam certas. Minha vida melhorou, e tudo começou quando parei de tentar ser quem achava que deveria ser e cedi à minha tendência de usar roupas que não combinavam e sapatos confortáveis, ser apenas uma rata de biblioteca e não uma falsa menina superpoderosa de Manhattan que assustava seus pais. Depois de quebrar a casca do ovo, voltei a gostar de mim após anos apenas detestando minha existência. Engraçado, mas o restante parece ter ficado na dependência desse momento.

Aqui está outro fato engraçado: a vida não pára de melhorar.

Não, não digo melhor naquele espírito *New Age*. Afinal de contas, ainda estamos falando da vida. Talvez o cheque do aluguel ainda volte ou seus planos de carreira ainda virem fumaça, talvez seu carro ainda seja roubado mesmo que tenha gastado aquele dinheirão com alarmes. Tudo fica melhor porque, a cada ano, depois dos 30, sua taça se enche um pouco mais e você se sente mais rica por isso. Finalmente, você percebe que aos 20 não tinha nem idéia de onde sua taça estava. Todas as garotas com quem conversei sobre chegar aos 30 concordaram em um ponto: de maneira nenhuma gostariam de ter 22 anos novamente. E só isso deveria ser suficiente para você fazer sentir-se bem.

Adoro ter 33 anos, é quase uma idade perfeita. Não sou jovem demais nem velha demais. É como se estivesse caminhando entre os universos paralelos da juventude tola e da vida adulta racional, mas posso mergulhar em qualquer um deles sempre que tiver vontade, sem sentir que sou uma fraude. Sair a noite toda não é mais minha idéia de diversão noturna, mas, se você conseguir me tirar de casa, provavelmente, serei a última a ainda estar dançando no bar quando o sol raiar.

Você gostará de ter 30 anos, pode confiar em mim. Tudo começa na manhã do seu 30º aniversário, quando você acorda e questiona o porquê de toda aquela confusão. Então, você simplesmente arregaça as mangas (ou sacode os lençóis, dependendo do que esteve fazendo naquela noite) e resolve ter um novo início.

Espero ter conseguido acalmar algumas almas atormentadas com este livro. Sempre acreditei que nada é capaz de ajudar mais do que a empatia. Como você já deve ter percebido, simpatizo com qualquer pessoa que me aceite.

Certo. Hora de ir para cama. Não agüento tomar nem mais um gole de café. Já tive de levantar quinze vezes para fazer xixi e as pessoas não param de me olhar. Eu me diverti bastante e espero que você também tenha curtido.

Vamos fazer isso novamente quando estivermos na crise dos 39 anos.

Sobre a Autora

Julie Tilsner está com 30 e poucos anos e lida muito bem com isso. Ainda está pagando seu empréstimo estudantil pelo ano em que esteve na pós-graduação da Faculdade de Jornalismo da Universidade de Columbia, mas espera pagar todas as suas dívidas até seus 40 e poucos anos. Foi editora-assistente da *Business Week Magazine* e escreveu para uma série de outras publicações, incluindo o *New York Times*, o *Los Angeles Times*, *Lingua Franca*, *P.O.V.*, *Working Woman* e *Women's Wire*, uma revista on-line. Vive em São Francisco, com seu marido e filha, e mantém o sonho de conseguir entrar mais uma vez na sua minissaia.

GRÁFICA PAYM
Tel. (011) 4392-3344
paym@terra.com.br